Das Buch

Ein 18 Monate alter Junge wird seinen chilenischen Eltern entrissen und 36 Jahre lang in der berüchtigten Colonia Dignidad gefangengehalten. Jetzt erzählt er die ergreifende Geschichte seiner Leidenszeit.

Vor 43 Jahren gründete der Deutsche Paul Schäfer die Siedlung Colonia Dignidad. Er mißbrauchte systematisch kleine Jungen. Rechtsextremisten folterten und mordeten in der Kolonie politische Gefangene. 1997 tauchte Schäfer unter, und die Kolonie verschwand als Thema aus der Öffentlichkeit. Doch Efraín Vedder lebte dort bis 2002, zwei von Schäfers Leuten leiten sie noch immer, die Mißhandlungen werden noch immer vertuscht. Schäfer mißbrauchte Efraín das erste Mal, als er acht war, und von da ab 18 Jahre lang. Er wurde zwangsadoptiert, er wurde unter Medikamente gesetzt, ihm wurde eine Ausbildung verweigert. Dieses Buch ist eine erschütternde Anklage gegen die unmenschlichen Zustände in der berüchtigten Kolonie, aber auch gegen die Ignoranz besonders der deutschen Behörden gegenüber dem Schicksal der dort mißbrauchten Menschen.

Die Autoren

Jose Efraín Morales Baha-Mondez wurde 1967 in einem südchilenischen Dorf geboren, nahe den Grenzen der Kolonie Colonia Dignidad. Seine Mutter konnte keinen Arzt bezahlen und brachte ihn in das Krankenhaus der Siedlung. Dort versprach man, ihn kostenlos zu behandeln. Er hat seine Mutter nie wiedergesehen. Er ist deutschsprachig aufgewachsen und möchte in Deutschland leben.

Ingo Lenz geboren 1967, begann seine fernsehjournalistische Laufbahn bei Alfred Biolek. Nach Lehr- und Wanderjahren von Borneo bis Brasilien kehrte er 1997 als Redakteur zu »Boulevard Bio« zurück und veröffentlichte nebenbei Reisereportagen und Kolumnen. Ingo Lenz ist heute freier Journalist und lebt in Berlin.

Efraín Vedder
mit Ingo Lenz

Weg vom Leben

35 Jahre Gefangenschaft in der deutschen Sekte Colonia Dignidad

Ullstein

Besuchen Sie uns im Internet:
www.ullstein-taschenbuch.de

Umwelthinweis:
Dieses Buch wurde auf chlor- und säurefreiem Papier gedruckt.

Aktualisierte Ausgabe im Ullstein Taschenbuch
1. Auflage März 2007

Umschlaggestaltung: Büro Hamburg
Titelabbildung: © privat
Satz: LVD GmbH, Berlin
Gesetzt aus der Palatino
Druck und Bindearbeiten: Ebner & Spiegel, Ulm
Printed in Germany
ISBN 978-3-548-36892-4

Gott schütze mich vor meinen Freunden!

König Antigonos

Das Vergessene ist nicht vernichtet, sondern nur verdrängt.

Sigmund Freud

Vorwort

Früher hatte ich immer ein gutes Gedächtnis. Das hat sich erst geändert, nachdem mir die Drogen und die Spritzen gegeben wurden. Das fing an, als ich ungefähr neun, zehn Jahre alt war. Seitdem bin ich schlecht mit Zahlen. Kann sein, daß ich einige ungenaue Angaben machen werde, wann mir bestimmte Sachen zugestoßen sind, seit ich als Säugling in die Colonia Dignidad entführt worden bin.

Sehr genau dagegen weiß ich, wer mir was angetan hat. Für die, die dabei waren und mir all das angetan haben, ist dieses Buch – auf daß sie sich schämen und ihre Lügen mit ins Grab nehmen mögen.

Und da ich nicht der einzige bin, der in der deutschen »Kolonie der Würde« jahrelang mißbraucht wurde, schreibe ich es auch für diejenigen, die mit der Geschichte der Colonia Dignidad nicht vertraut sind, und erinnere so an über 200 deutsche Staatsbürger, die in Chile hinter Stacheldraht der Willkür eines Monsters ausgesetzt waren und um die sich der deutsche Staat seit über vierzig Jahren nicht kümmert. Lest meine Geschichte und helft denen, die nicht so stark sind wie ich.

Efraín Vedder Veuhoff, Berlin, den 15. Januar 2005

Dieses Buch dokumentiert die persönlichen Erlebnisse eines jungen Mannes, der das Pech hatte, in der Colonia Dignidad aufwachsen zu müssen. Seine Erinnerungen spiegeln daher nur einen subjektiven Ausschnitt der komplexen Geschichte dieser Sekte und ihrer Verflechtung mit dem chilenischen Staat während der letzten 35 Jahre wider.

Ingo Lenz, Berlin, den 15. Januar 2005

Zwischen der Colonia Dignidad und Santiago de Chile, 1. November 2002

Gerüttel. Hitze. Staub. Meine Augen tränen, ich huste. Dieser verdammte Staub, der sich überall festsetzt. Die Fenster des Busses, der in der flirrenden Hitze über die Landstraße Richtung Santiago de Chile rast, sind entweder kaputt oder offen. Die Frau neben mir hält sich ein Taschentuch vor die Nase, an den Nasenlöchern ist es grau gefärbt wie ihr Gesicht. Rechts neben mir schnarcht ein Indio, sabbert auf meine Schulter. Seit sechs Stunden fahren wir schon, und mir kann es nicht schnell genug gehen. Ein Wunder, daß ich es bis hier geschafft habe. Denn diese Fahrt ist die Fahrt in mein neues, mein zweites Leben. Weg von der Kolonie, weg von den Lügen, der Gewalt, weg von der Wut, die sich in den letzten 35 Jahren in mir angesammelt hat. Weg von dem Schmerz der Folter, weg von den Qualen der Drogen, die mich so funktionieren ließen, wie sie es brauchten.

Weg von den Gebeten, den Herrenabenden, den Nächten beim *Tio*, dem Onkel, dem Herrscher über 200 deutsche und 100 chilenische Männer und Frauen, weg von den Schmerzen am nächsten Morgen. Nur weg, weg aus der Sekte, die sich *Villa Baviera* oder »Kolonie der Würde« nennt, in der ich aufwachsen mußte. Weg von den frommen Deutschen, die mir und meinen

Freunden das Leben zur Hölle gemacht haben, unbehelligt von chilenischen oder deutschen Behörden – lächerlich deren Versuche, halbherzig die Hilfen, vollkommen ohne Folgen die Aktionen, die im Lager verlacht wurden.

Ich will der erste sein, der diese Hölle erhobenen Hauptes verläßt – und überlebt. Ich ahne, daß ich einen guten Anfang dazu hingelegt habe. Aber noch sitze ich in einem uralten Überlandbus, dessen Fahrer scheinbar geisteskrank ist, dessen Motor frisiert ist und der nur mit Glück die Hauptstadt erreichen wird. Und selbst dort können sie mich immer noch abfangen. Ich bin nirgendwo in Sicherheit. Die Arme des Kraken reichen weit, bis in die deutsche Botschaft, bis über den Ozean. Ich presse meine Faust um das Kreuz, das ich halte.

›Mein Gott, Du weißt, daß ich trotz der Hölle, durch die Du mich geschickt hast, an Dich glaube. Mach, daß ich das Lager nie wieder sehen muß und neu anfangen kann. Ich bin 35 Jahre alt und habe noch nichts von diesem Leben gehabt. Jetzt gibst Du mir den Weg in die Freiheit, mach, daß ich diese Freiheit auch genießen kann.‹

Normalerweise spucke ich nach so einem Gebet aus, wie um mir zu beweisen, daß es doch nichts bewirkt. Jetzt verkneife ich es mir. Genug Spucke an meiner Schulter vom Nachbarn. Ich werde müde; kann es sein, daß sie mir eine Droge gegeben haben, die mit Verzögerung wirkt? Nicht einschlafen … ich gleite weg in die einzige Erinnerung, die angenehm ist, bevor ich in der Kolonie der Deutschen leben mußte.

Catillo, August 1967

Obwohl meine Mutter bei meiner Geburt schon 39 Jahre alt war, sagte sie – so weiß ich heute – immer zu meinem Vater:

»Julio, von allen acht ist Efraín die leichteste Geburt gewesen! Ich kann absolut nicht verstehen, wieso. Er ist so ein großes Baby …«

»Marta, das sagst du bei jedem unserer Kinder. Aber sicher ist: Efraín wird unser letztes Kind sein. Ich kann nicht noch mehr durchfüttern.«

Wie oft hat mir meine Schwester Alicia später diese Unterhaltung wiedergegeben. Scheinbar war dieser Dialog ein Ritual, wenn ich gestillt wurde. Ich selber erinnere mich nur an die Augen und den Geruch meiner Mutter. Ich könnte sie, da bin ich sicher, aus Tausenden heraus allein am Geruch ihrer Haare erkennen. Meinen Vater sehe ich nur so vor mir, wie ich ihn von Fotos kenne: stolz, scharfes Profil, immer in einem weißen Hemd mit Kragen, eine singuläre Erscheinung, gemessen an den Lebensumständen.

Meine Familie war, wie alle anderen in der Gegend, sehr arm. Wir wohnten immerhin in einem eigenen Haus, dessen einziger großer Raum Küche, Schlafzimmer und Büro zugleich war. Doch für meine Eltern und ihre vielen Kinder war es viel zu klein. Glücklicherweise waren bei meiner Geburt bereits vier Geschwister ausgezogen. Mein Vater wurde im Dorf »unser Richter« gerufen: Gab es Streit zwischen den Nachbarn, kam man zu ihm.

Seine Freundschaft zu Präsident Allende war der Grund für diese Stellung; er hatte das Kommando über die Polizei und war ein so glühender Kommunist, daß die »Rechten« in der Gegend ausspuckten, wenn sie seinen Namen hörten. Auch Paul Schäfer, dem Chef der zwanzig Kilometer entfernt gelegenen, riesigen deutschen Sekte Colonia Dignidad, war er ein Dorn im Auge, da er allen Bauern, denen die Kolonie Land wegnahm, umsonst Rechtshilfe gab. Trotzdem fuhren meine Eltern manchmal hin, um dort Lebensmittel zu kaufen.

»Die Deutschen sind zwar verrückt, aber fleißig«, sagte mein Vater. »Die Wurst ist sehr gut, die Kartoffeln auch.«

Ansonsten nahm meine Familie, wie alle Chilenen in der Gegend, lediglich die kostenlose Hilfe des sekteneigenen Krankenhauses in Anspruch. Bei neun Kindern war das häufiger der Fall, ein »Segen für die Familie«, wie meine Mutter immer und immer wieder betonte, auch weil es ihr selber nicht immer gut ging. Ich war zwölf Wochen alt, als sie mich zur Kolonie brachten, um eine starke Erkältung behandeln zu lassen. Zur Überraschung meiner Mutter behielt mich die deutsche Ärztin gleich da und wies sie an, in einer Woche wiederzukommen. Zu Hause erzählte sie Vater davon, der sie beruhigte:

»Marta, die Deutschen wissen am besten Bescheid, was Efraín fehlt. Wenn er hier den Husten nicht los wird, ist es doch besser, er kuriert sich dort aus.«

Nun, er änderte seine Meinung, als meine Mutter nach sieben Tagen erneut ohne mich nach Hause kam. Nacheinander fuhren meine älteren Geschwister, mein Vater und immer wieder meine Mutter zum Krankenhaus, ohne Erfolg. Stets wurden sie mit Ausreden, ich hätte einen Rückfall erlitten oder sei noch immer nicht transportfähig, hingehalten. Im Dorf erfuhren die Leute davon und mein Vater hörte, daß so etwas nicht zum ersten Mal passierte:

»*Juez*, meiner Schwester ist dasselbe passiert«, sagte eines Morgens unser Nachbar Pepe zu ihm, »als sie ihr Kind abholen wollte, gaben die Deutschen es nicht heraus. Es lebt sicher schon über fünf Jahre in der Kolonie. Niemand von uns hat es je wieder gesehen.«

»Warum tun die Deutschen das? Das ist Raub, Entführung, ich werde das nicht hinnehmen!«, polterte Vater los.

»Beruhige dich, Don Julio! Du hast neun Kinder, deine Frau ist krank, sie macht verrückte Sachen, ihr seid arm, dem Kind aber geht es gut bei den Deutschen. Ein Maul weniger zu stopfen, laß gut sein.«

So ging es tagelang, bis mein Vater einige Familien gefunden hatte, die ihn unterstützen wollten und mit denen er zum Koloniegelände fuhr.

Mit aller Autorität, die er besaß, verlangte er am Tor die Ärztin, Frau Doktor Seewald, zu sprechen. Er wurde nicht einmal auf das Gelände gelassen. Ein unfreundlicher Mann drohte ihm lediglich, nie mehr ein Mitglied seiner Familie in dem Krankenhaus kostenlos zu behandeln, wenn er nicht sofort verschwinden würde. Mir würde eine Erziehung in der Kolonie gegeben, die er sich nie leisten könne, und er solle dem Wohltäter Paul Schäfer danken, da dieser seinen Sohn ausgewählt habe, einem Leben in Armut zu entkommen. Außerdem sei ich unterernährt, meine Mutter nicht in der Lage, mich zu ernähren, und ich würde noch lange Zeit im Krankenhaus bleiben müssen.

Entmutigt fuhr mein Vater heim. Er und Mama haben nie wieder etwas von mir gehört.

Santiago de Chile, 1. November 2002

Ich wachte davon auf, daß das Rütteln aufgehört hatte. Der Bus hielt, die Menschen um mich herum stiegen aus. Ich versuchte, aus dem Fenster zu sehen, aber Staub und Dreck machten es unmöglich, mehr als Schatten zu erkennen.

Ich wartete, bis auch der letzte Passagier und das letzte lebende Huhn den Bus verlassen hatte. Dann nahm ich meine Tasche und stieg die drei schiefen Stufen hinab, ganz langsam und bewußt: Meine ersten freien Schritte in Santiago de Chile! Ich spürte weder die Hitze, den Lärm noch das Chaos um mich herum: Verkäufer, die Tabletts mit Maisgebäck, andere, die gebratenes Katzenfleisch als Hase am Spieß verkauften, Mütter, die ihre schreienden Kinder hinter sich herzerrten, damit sie im Getümmel nicht verlorengingen, Männer vom Land, die in ihrem einzigen Anzug in die Hauptstadt gefahren waren, um hier Arbeit zu finden, und ich: José Efraín Morales Norambuena. Nie würde ich mich an den Namen der Frau, die mich gegen meinen Willen adoptiert hatte, gewöhnen, aber in meinem Paß steht: José Efraín Vedder Veuhoff. Ich gehörte damit ihnen. Es konnte nicht sein, daß sie mich einfach so gehenließen. Sicher würde ich gleich von hinten gepackt, betäubt und verschleppt werden.

Meine Wut wich der Angst. Mein Herz schlug so stark,

daß ich das Gefühl hatte, jeder müsse es hören. Es war sehr heiß. Alle Menschen um mich herum hatten ein Ziel; nur ich wußte nicht genau, wohin. Krampfhaft preßte ich meine Tasche an die Brust und ließ mich Richtung Ausgang treiben.

»Hey, Amigo, wo willst du hin? Für 20 000 Pesos fahre ich dich zu einem schönen Mädchen!«

Der kleine dicke Mann vor mir wußte gleich, wen er vor sich hatte: ein Landei, leichte Beute für den ersten, der es schaffte, sein Vertrauen zu gewinnen.

»Steig ein, mein Wagen steht direkt an der Ecke!«

Ich erschrak – ein Spitzel der Sekte? Ein Mitarbeiter der Führungsclique, der mich wieder zurückbringen sollte?

»No, no, ich habe ein anderes Ziel«, rief ich über die Schulter und bog in die nächste Straße. Nur weg, erst einmal Ruhe finden und die nächsten Schritte überlegen.

›Ein Mädchen‹, dachte ich, ›ein Mädchen. Der hat ja keine Ahnung.‹

Ich war 35 und hatte mich erst einmal einem Mädchen genähert. Ich wünschte mir so sehr, eine Frau zu finden, in die ich mich verlieben könnte, nicht eine, die mir von der Führungsclique zugewiesen würde. Nein, eine Frau, die ich sehe und dann … Ich kannte das Gefühl noch nicht richtig, wußte aber, daß ich es erkennen würde, wenn es geschieht. Ich würde mich verlieben! Und dann … dann redet der Kerl hier von einem Mädchen für 20 000 Pesos! Stimmt es also doch, daß außerhalb des Stacheldrahtes die Hölle auf einen wartet, wie Paul Schäfer es uns wieder und wieder erzählte?

Ich hatte keinen in der Stadt, der mich erwartete, wußte nur von zwei Schwestern, die hier leben sollten und die ich besuchen wollte.

Aus den Augenwinkeln nahm ich hinter einer staubigen Schaufensterscheibe etwas Blaues wahr und blieb stehen. In der Auslage des kleinen Souvenirladens standen ein blaues und ein rotes Spielzeugauto. Nichts Besonderes, aus Plastik, mit silbernen Rädern, Matchbox. Für mich aber blieb die Welt ein paar Sekunden stehen. Mir wurde schwindelig, ich kniff die Augen zusammen und hoffte, daß diese beiden kleinen Autos nicht nur eine Halluzination waren. Auf diesen Anblick war ich nicht vorbereitet. Diese Autos waren das Symbol meiner verlorenen Jugend.

Zippelsaal, Sommer 1975

»Darf ich auch mal?« Der blonde Junge, der vor mir am Tisch saß und mit seinen beiden blauen und roten Spielzeugautos auf der blau-weiß karierten Tischdecke herumfuhr, guckte kaum auf. »Nein, das sind meine. Ich …«

»Hans, hierher!«, rief es laut und bestimmt hinter mir. Von jeher nannte man mich Hans, ich kannte keinen anderen Namen für mich. Traurig wandte ich mich ab und trottete zurück zu der kleinen Bühne, die im *Zippel,* dem Hauptversammlungssaal der Kolonie, aufgebaut war. Ich hatte die Ehre, bei dem nun folgenden Theaterstück als Jüngster einen kleinen Zwerg zu spielen.

Ich stellte mich in Position, die ersten Takte des Auftaktliedes erklangen:

»In Villa Baviera, am Trespicafluß,
Da sind wir zu Hause am klaren Perquifluß.
Da lacht hell die Sonne, sind schaffende Leut',
Wo gibt es im Lande noch herzliche Freud'!
Baviera, Baviera, mein Heimatland,
Baviera, Baviera, mein Heimatland!«

Es war wieder einmal Besuchstag, an dem die Sekte für besondere Freunde das sonst immer verschlossene Tor geöffnet hatte. Als Ehrengäste hatten Pedro Espinoza, der zweite Mann des mächtigen chilenischen Geheimdienstes DINA, seine Frau und sein Sohn Platz neben Paul Schäfer genommen.

Ich durfte seit zwei Jahren dabeisein, seit ich zur Gruppe der *Keile* gehörte. Das waren die 6- bis 15jährigen, wir hatten eine eigene Fahne und wohnten zusammen im Kinderhaus. Jede Gruppierung in der Sekte hatte eine eigene Fahne, unser Emblem war ein Ruderboot. Die Botschaft dieser Fahne, die uns jeden Tag in der Schule eingebleut wurde, war, daß jedes Ruder gleich schlagen muß, um das Boot voranzubringen. Sollte auch nur einer ausscheren und aus dem Takt kommen, zerstöre er die Leistung der ganzen Gemeinschaft.

Besuchstage waren immer aufregend, und mit jedem Lebensjahr genoß ich die kleinen Freiheiten dieser Tage mehr. Als kleines Kind hatte ich mich immer nur gewundert, wenn mich die Gruppentante in eine Seppelhose steckte, mir den Tirolerhut mit dem Buschel drauf aufsetzte und mich streng ermahnte, mich draußen nicht schmutzig zu machen.

Ich erinnere mich noch an einen Tag im Sommer 1974, als die Kolonie vor Aufregung summte wie ein Bienenkorb. Tagelang mußten die Frauen alles putzen, die Küche gab ihr Bestes und dann war es endlich soweit: Wir wurden vor dem Besuchshaus namens *Freihaus* aufgereiht, bekamen chilenische Fahnen in die Hand und durften dem vorbeifahrenden Mercedes zuwinken, in dem der Staatschef und Diktator Chiles, General Augusto Pinochet, persönlich der Kolonie einen Besuch abstattete. Ihn habe ich in den folgenden Jahren nur dreimal auf dem Gelände der Kolonie gesehen. Seine wichtigsten Männer aber kamen öfter.

An einem anderen Besuchstag dieses Sommers, als es besonders heiß war, wurde ich in ein Planschbecken gesetzt, das am Rande der Wiese aufgebaut war, auf der die Besucher auf langen Bänken saßen – und zwar zusammen mit Rebeca, einem Mädchen!

Das war nun eine absolute Sensation für mich, denn sonst kam ich Mädchen nie sehr nahe. Im Kinderhaus war der Innenhof mit einem Zaun in zwei voneinander getrennte Bereiche aufgeteilt, auf der einen Seite die Mädchen, auf der anderen wir Jungen. Wehe, ein Junge sprach am Zaun mit einem Mädchen und wurde von einer der Gruppentanten dabei erwischt! Dann setzte es eine gehörige Tracht Prügel.

Auch in den anderen Wohnhäusern – wie in der gesamten Kolonie – lief das Leben der Jungen und Mädchen streng getrennt ab.

Nur in der Bäckerei, in der ich nach meiner Entlassung aus dem Krankenhaus eine Zeitlang wohnte, war ich mit Frauen zusammen, die auf mich aufpassen mußten und die wohl die Aufgabe hatten, mich den deutschen Sektenbewohnern vertraut zu machen.

Das war etwas anderes als die zwei langweiligen Jahre in der Krankenstation, während derer ich meist im Bett liegen mußte. Kranke Kinder kamen und gingen; ich erinnere mich vage an Spaziergänge auf dem Arm von Schwester Ingrid und den Anblick der Kinder in den Bettchen neben mir, die häufig Sauerstoffmasken trugen. Davon habe ich noch oft geträumt. Doch mit zwei Jahren war ich wohl zu alt für die Station geworden, und wie ich heute weiß, hatte auch schon länger keiner mehr nach mir gefragt.

Daher wurde ich in die Bäckerei »verlegt«, in der es immer warm war und gut roch.

Ich spielte im Mehl, bekam Süßes und Teig zugesteckt und wurde immer dicker. Die großen hellen Menschen, die hier jeden Tag ein und aus gingen, waren alle nett zu mir. Ein Junge war extra dafür da, mit mir zu spielen, wenn die Tanten zu den Gruppentreffen oder Gebeten gerufen wurden. Es waren herrliche Zeiten. Die *Großen Knappen,* also die Männer zwischen dreißig bis fünfzig, die neben der Bäckerei im *Spessart* – ihrem Wohnhaus – lebten, nahmen mich ab und zu mit auf Wanderschaft, dann durfte ich bei einem von ihnen auf den Schultern sitzen.

Immer war etwas los, und der Bäcker Alfred Matthusen hatte für jeden »Kunden« ein freundliches Wort. Zahlen mußte keiner, die Versorgung der Bewohner war gratis und wurde von zentralen Ausgabestellen gelenkt.

Nur wenn der *Pius,* wie Paul Schäfer sich gerne nennen ließ, kam, wurde es still in der Bäckerei. Jeder hatte Respekt vor dem Chef, einem großen, kräftigen Mann mit langem, grauem Haar, meist mit grüner Hose und beigem Oberhemd bekleidet, den eine Aura von Macht umgab. Sein Blick war intensiv, wobei sein linkes Auge immer tränte, obwohl oder vielleicht weil es aus Glas war.

Schäfer machte jeden Tag seinen Rundgang durch das Dorf, um nach dem Rechten zu sehen. Er kontrollierte alles, die Werkstätten, die Mühle, die Funkstation, das

Krankenhaus ... und so auch die Bäckerei. Begleitet wurde er immer von einem oder zwei sogenannten *Sprintern:* jungen Männern zwischen acht und zwanzig, die ihn auf Schritt und Tritt begleiteten und seine Befehle ausführen mußten. Natürlich wußte ich als Kleinkind noch nicht, wie weit der Dienst an Schäfer für diese Jungen ging. Auch daß die Sprinter wöchentlich wechselten und so nahezu jeder Junge in der Kolonie einmal dran war, ahnte ich nicht. Ich war ein dicker werdendes schwarzhaariges Kind, das sich heute, 34 Jahre danach, noch an eine Episode aus dieser Zeit besonders deutlich erinnern kann:

Tante Irmchen, Tante Elisabeth und Tante Ruth, die drei Bäckerinnen, die mit mir im Anbau der Bäckerei wohnten, waren nicht da, als eines Tages Schäfer mit Günter Schafrick, seinem damaligen Sprinter, in der Bäckerei auftauchte. Ich saß am Fenster und beobachtete Onkel Alfred, der Brote in den Ofen schob. Dabei durfte ich nie zu nahe bei ihm stehen:

»Der Ofen ist so heiß wie die Hölle, Hans, wenn du ihm zu nahe kommst, wird er dich verschlingen!«

So hatte Onkel Alfred mir immer Angst gemacht und dabei sein Gesicht zu einer Fratze verzogen. Ich hatte großen Respekt vor dem schwarzen Ungetüm in der Wand und seinem roten, zischenden Maul.

Jetzt erschien das riesige Gesicht Schäfers vor meinem, er kniff mich in die Wange und wandte sich an seinen Begleiter: »Na? Sollen wir Hänschen mal in den Ofen stecken, Günter?«

»Ja, Onkele, das machen wir«, beeilte sich sein Sprinter zu sagen, »komm, Alfred, mach mal Platz!«

Mit diesen Worten hob mich Günter auf und trug mich zum Ofen, an dessen Seite Onkel Alfred mit einem blöden Lächeln stand. Schäfer rief: »Mach mal die Klappe auf, Alfred! Der Junge soll gebacken werden!«

Ich fing an zu weinen. Was hatte ich denn angestellt? Ich hatte an diesem Morgen nichts Schlechtes getan, hatte mein Frühstück gegessen, mich nicht vollgeklekkert, nichts kaputtgemacht – und nun sah ich Onkel Alfred, der die Ofenklappe aufmachte, um mich zu braten. Ich schrie los wie eine Sirene und muß damit, so schien mir, Günter so erschreckt haben, daß er mich in einer Art Flugsimulation durch die Luft wirbelte und kurz vor dem Ofen auf die Erde setze. Ich rappelte mich auf und lief nach oben. Heute noch höre ich das Lachen der Männer hinter mir.

In den nächsten Tagen behielt ich die Tür der Bäckerei genau im Auge. Sobald Schäfer aufkreuzte, lief ich nach hinten. Ich war auch beleidigt, daß Onkel Alfred mir nicht geholfen hatte. Nur den Bäckertanten konnte ich noch trauen, allerdings nur bis zu einem Abend im Sommer 1970.

Ich war nach dem Schlafengehen noch einmal aufgestanden, weil ich Durst hatte. Mein Bett stand im Nachbarzimmer der drei. Tante Irmchen hatte gerade noch mit mir, wie jeden Abend, ein Lied gesungen und danach das Licht ausgemacht. Leise hörte ich das Gemurmel der Frauen durch die angelehnte Zimmertür. An der schlich ich mich nun vorbei, als eine Holzplanke unter meinen Füßen laut knarrte. Wie der Wind stand Tante Irmchen im Zimmer.

»Ich habe Durst! Ich …«, weiter kam ich nicht. Sie

schlug mich so fest, das ich quasi in das Zimmer hineinflog. »Dich werd' ich lehren, nachts aufzustehen und im Hause herumzulaufen!«, schrie Tante Elisabeth und – wumms – schlug auch sie mich. Ich wollte weglaufen und landete irgendwie auf dem Sofa. Dort schlugen nun alle drei gemeinsam auf mich ein, von Sinnen, völlig egal, wohin, und ohne zu sprechen. Ich versuchte ihren Schlägen auszuweichen, drehte mich in der Sofaritze hin und her wie ein Aal und schrie wie am Spieß, aber die Schläge prasselten weiter. Sie schlugen immer weiter, schweigsam, verbissen, in einer stillen Raserei. Auch ich hatte irgendwann aufgehört zu schreien. Als es zu Ende war, zog mich Tante Ruth durch das Zimmer, warf mich ohne ein Wort auf mein Bett und verließ den Raum.

Kein Körperteil, der nicht geschmerzt hatte. Wenig Stellen, die nicht blau wurden. Und danach kein Lachen mehr in der Backstube.

Der Verrat war so groß, daß ich sogar keine Süßigkeiten mehr annahm. Ich wurde still und bockig. Schäfer erfuhr natürlich von dem Zwischenfall und beschloß, mich zurück zu den Babys der Kolonie bringen zu lassen – aber nicht ins Krankenhaus, sondern zum Kinderheim der Kolonie. Hier wurden die in der Kolonie gezeugten Babys aufgezogen. Schon nach Geschlechtern getrennt, war ich mit fast vier Jahren der älteste unserer Stube, aber noch zu jung, um zu den *Keilen*, der nächsten Altersgruppe, gerechnet zu werden. Der Name kam von dem Boot auf deren Fahne: das hieß *Keil*.

Die Aufteilung nach Altersgruppen und ihre Bezeichnung war ein Meisterstück von Schäfer, um die Männer und Frauen der Kolonie zu kontrollieren und so zu verhindern, daß auch nur einer der über 280 Bewohner nur einen Augenblick alleine blieb: Ob *Heilsarmee* – die 15- bis 35jährigen oder die *Askaris* – 35 bis 40, ob *Keile* – 6 bis 15 oder die *Comalos* – die 50- bis 60jährigen: Alle Gruppen hatten ihre besonderen Aufgaben, wohnten zusammen und wurden gemeinsam mit einem ihnen speziell zugeordneten Signalton zu Versammlungen gerufen. Die fanden stets im *Zippelhaus* statt.

Um dieses Gebäude ordneten sich die anderen, bis auf das Kinderheim, das an der Einfahrt zum Gelände lag, eine halbe Stunde zu Fuß entfernt.

Neben dem *Zippelhaus* lag das *Freihaus:* Gästehaus für besonders hohe Besucher und Schäfers Privaträume. Meistens war er im *Zippelsaal* zu finden, wo er seinen ihn umgebenden Zöglingen die Welt erklärte.

Schäfer war ein Prediger, der die Kolonie mittels Elektro- und Stacheldrahtzäunen, wirtschaftlicher Abhängigkeit, aber vor allem durch die Kraft seiner Worte zusammenhielt. Er beschrieb in der täglichen Versammlung um halb eins das Glück, einer feindlichen Welt zu trotzen und im Namen des Herrn, des Sohnes und des Heiligen Geistes ein frommes Leben zu führen. Er begründete den Stacheldrahtzaun um das Gelände damit, das Böse von der Kolonie fernzuhalten. Allerdings wäre der schlimmste Feind der Kolonie, an seinen, an Schäfers, Worten zu zweifeln.

Alles, was angeordnet würde, sei zum Wohle der Gemeinschaft.

Die Arbeit – zum Wohle der Gemeinschaft.

Der Glaube – zum Wohle der Gemeinschaft.

Die Geschlechtertrennung – sehr zum Wohle der Gemeinschaft. Lieder wurden gedichtet und gesungen, die den Gedanken: »Hier sind wir sicher und draußen lauert das Unglück« in unzähligen Variationen aufgriffen und in die Schädel pflanzten:

»Wenn dich einmal der Hafer sticht,
Aus deiner Haut zu fahren,
So bleib nur drin.
Es lohnt sich nicht,
Du kannst das Fahrgeld sparen.

Sieh deine Haut erst nochmals an,
Eh du daraus verschwindest;
Du denkst doch nicht im Ernst daran,
Daß du was Beßres findest?

Du hast die Jugend drin verbracht,
Das Leben drin genossen!
Sie ist dir ganz nach Maß gemacht
Und sitzt wie angegossen.

Und ohne Haut in dieser Welt,
Das wirst du bald bereuen;
Sie ist's, die dich zusammenhält,
Verlang nach keiner neuen!

Denn die kannst du für dein Gestell
Ganz sicher nicht erhalten;
Schiel nicht nach einem neuen Fell,
Und bleib in deinem alten!«

Oft war Schäfer auch in der benachbarten *Alten Küche* zu finden, wo er aß und wo ihm seine Spitzel ständig über alles, was auf dem Gelände passierte, Bericht erstatteten. Diese Berichte speisten sich aus einem weiteren Eckpfeiler seiner Macht: den täglichen Gruppengebeten. Jedes Mitglied der Kolonie mußte einmal pro Tag, egal, wo es sich aufhielt, mindestens drei Mitbewohner zusammenbringen und mit ihnen gemeinsam beten, denn Jesus habe doch gesagt: »Wo drei versammelt sind, bin ich mitten unter ihnen.«

Eine Kirche gab es nicht, denn Schäfer war der Meinung, die Kirche sei ein überflüssiges Symbol. Die Kolonie insgesamt sei der Gemeinschaft eine Kirche.

In diesen kleinen Gebetsgruppen mußten alle Sünden, die in Tat und Gedanken begangen wurden, laut ausgesprochen werden. Nun hatte es Schäfer durch ein subtiles Belohnungssystem geschafft, daß fast immer einer aus den Gebetsgruppen, in der sündiges Gedankengut geäußert wurde, zu ihm rannte und Bericht erstattete.

Für jede Spitzelei wurde man von Schäfer belohnt, indem man in der unsichtbaren Hierarchie etwas weiter emporstieg. Eine Belohnung konnte sein, daß man auf der sonntäglichen Gemeindeversammlung nicht herausgepickt wurde und vor versammelter Mannschaft Rechenschaft ablegen mußte. Oder daß man stillschweigend beim nächsten Regelverstoß übergangen wurde.

Bei der nächsten anstehenden Versammlung im *Zippelsaal* konnte man nun Schäfer erleben, der wie zufällig jemanden aus der Gemeinschaft aufstehen ließ und ihn mit seinen – im Gruppengebet ausgesprochenen – Sünden konfrontierte. Das erschien allen Anwesenden dann, als sei Schäfer selbst der allwissende Gott. Daß sie es mit ihren Berichten erst möglich machten, wurde verdrängt. Und dem Sünder erschien Schäfer dann nicht wie der allwissende, sondern der strafende Gott. Manchmal schlug Schäfer den Sünder selber, aber noch öfter hörte man sein Kommando an die ihn umgebenden Sprinter: »Kümmert euch um ihn.« Dann wurden die »entlarvten Sünder« geschlagen und zusammengetreten, rausgeschafft, und die Versammlung ging weiter.

Oft standen mittags so viele Sektenmitglieder vor seinem Eßtisch, daß er unwirsch schriftliche Berichte verlangte, um der Menge Herr zu werden. Folglich war sein Tisch oft beladen mit Stößen dichtbeschriebener Blätter, in denen sich die Bewohner gegenseitig der verschiedensten Sünden und realen Vergehen bezichtigten.

Schäfer kannte die Bewohner der Kolonie gut genug, um zu wissen, was wahr war und was einer privaten Eifersüchtelei entsprang. Er reagierte auch auf winzigste Kleinigkeiten, nichts entging ihm. Das war sein ganzer Lebensinhalt: Die Gemeinschaft tagsüber zu kontrollieren und nachts, wann immer er wollte, sich sexuell an den Jungen zu vergehen. Keiner wagte, dies anzuprangern.

Noch lebte ich im Kinderheim, zusammen mit den fast zwanzig Babys der Sekte. Die bekamen von ihren Eltern oft Besuch, von dem ich auch profitierte. Da die Kinder von allen gleich geliebt werden mußten, um die Bindung an ihre biologischen Eltern zu verringern, hatte ich zumindest in dieser Phase meines Lebens kein Defizit, was Nestwärme anging. Ich wurde beinahe wieder zu einem Baby, das gern kuschelte und spielte, nur daß ich bereits vier Jahre alt war.

Nur an den drei Tagen in der Woche, an denen das Krankenhaus für die Bewohner der Dörfer Sprechstunde hatte, änderte sich unser Tagesablauf: Wir durften nicht vor die Tür zum Spielen.

Da das Kinderheim gleich neben der Eingangspforte lag, die jeder Besucher der Kolonie nach strengen Kontrollen passieren durfte, war die Angst zu groß, daß Fragen gestellt werden könnten, warum so viele Babys von ihren Eltern getrennt in einem Haus aufwuchsen. Und man befürchtete wohl, daß ein deutlich chilenisch aussehender kleiner Junge vielleicht wieder nach »draußen« entführt werden könnte.

General Pinochet hatte sich 1973 an die Macht im Staat geputscht, und alle politisch Linken schwebten in Lebensgefahr. Vor den Zugriffen des Geheimdienstes DINA – *Directión de Inteligencia Nacionál, Nationale Geheimdienstabteilung* – war kein Gegner des Regimes sicher. Umgekehrt begehrten viele gegen das Schreckensregime auf. In der Kolonie bekamen wir Kinder nichts davon mit, außer daß nachts oft der *Pito* ertönte: eine Sirene, deren Bedeutungen durch verschiedene Töne definiert waren. In diesen Jahren war meist das Signal *Alarm Galpon* zu hören, das uns Kinder im Spielgarten erschreckte. *Galpon* wurde der Eingangsbereich der Kolonie genannt, und auf das Kommando hin, das vor ungebetenen Besuchern warnte, die auf dem Weg zur Kolonie waren, fuhren circa vierzig an der Waffe ausgebildete Bewohner, die das besondere Vertrauen Schäfers genossen, mit Rädern und Jeeps zum Tor, um etwaigen Eindringlingen entgegenzutreten.

Diese Mannschaft wurde auch für besondere Einsätze gegen die »Linken« von Schäfer nach draußen in die Dörfer geschickt, wo sie gegen Feinde des Regimes oder der Kolonie vorgingen und auch vor Mord nicht zurückschreckten. Geschützt wurden sie durch den langen Arm von Pinochet, der Schäfer nicht nur wegen dieser Säuberungsaktionen zeit seiner Diktatur freundschaftlich verbunden war. Zu jeder Tag- und Nachtzeit kam der Alarm, denn in jenen Jahren half die schwerbewaffnete Eingreiftruppe der Kolonie oft den Militärs.

Erst Jahre später erfuhr ich, daß Angehörige von tatsächlichen oder angeblichen Oppositionellen, die spurlos »verschwunden« waren, vor den Toren der Kolonie darauf aufmerksam machen wollten, sofern sie nah genug herangelassen wurden. Durch die Kooperation von Schäfer und dem Geheimdienst wurden die Verschollenen auf dem Koloniegelände vermutet – bis heute, denn Gerüchte von politischen Folterungen und medizinischen Experimenten, die hier begangen worden sein sollten, sind bis heute nicht verstummt.

Als ich fünf wurde, durften alle ins *Kinderhaus* – im Zentrum des Dorfes und sichere zehn Kilometer vom Eingangstor der Sekte entfernt – umziehen. Hier bekamen wir Unterricht, erkundeten unsere Hälfte vom Spielgarten, lernten, uns nicht mit den Mädchen auf der anderen Seite des Zaunes zu beschäftigen, außer an Besuchstagen, und uns nicht zu streiten.

Das fiel mir oft schwer: Irgendwie war ich immer derjenige, der in Schwierigkeiten geriet. Mit zwei Jungen, Martin und Uwe, kam ich gar nicht klar. Sie waren von aufbrausendem Temperament, und es genügten Kleinigkeiten, die uns aneinanderrasseln ließen. Durch die Gruppentanten bekam das natürlich auch Schäfer zu hören, der nach wie vor fast jeden Tag seine Runden auch durch das *Kinderhaus* machte. Eines Tages, nach einem Streit zwischen Martin und mir, bei dem ich eigentlich der »Schuldige« war, kam Schäfer auf dem Pausenhof zu uns und fragte in die Runde:

»Hat jemand was dagegen, wenn wir alle gutes Essen bekommen?« Wir sahen uns an, ratlos.

»Hat jemand was dagegen, wenn man hier in der Gemeinschaft viel arbeitet und dafür auch gutes Essen bekommt?«, fragte Schäfer lauter. »Martin, hast du da was dagegen?«

Martin schaute auf. »Nein, wieso?«, fragte er.

»Weil du dich bei Tante Ursel beschwert hast, daß du nicht genug frisches Gemüse bekommst, zum Beispiel«, brüllte Schäfer los und gab Martin ohne Warnung einen solchen Tritt, daß er gegen einen Dachpfeiler flog. Schäfer ging hinterher, holte aus und trat Martin, der am Boden lag, dermaßen zusammen, daß er als ein wimmerndes Bündel liegenblieb.

»Ihr wißt jetzt, was euch blüht, wenn ihr Undank zeigt an den Gaben Gottes«, zischte er und verschwand, begleitet von seinen Sprintern, die sich hinter seinem Rücken erschrocken ansahen.

Zippelsaal, Sommer 1975

Sektenmitglieder flitzten als Kellner verkleidet durch die Reihen und brachten, was die Frauen in der Küche vorbereitet hatten: Sauerkraut, Würstchen, Bier. Ich spielte meinen Zwergenpart und beobachtete den Jungen mit den Spielzeugautos. Mir liefen fast die Tränen hinunter. Ich hatte noch nie ein Spielzeug besessen. Ich war acht Jahre alt.

Plötzlich spürte ich den Blick von Schäfer auf mir. Schnell wischte ich mir die Tränen ab. Er saß direkt vor mir, am Ehrentisch. Nett sah er aus, ein jovialer, freundlicher Herr, der seinem Freund, dem zweitmächtigsten Mann des Geheimdienstes, zeigte, wie angenehm das Leben hinter Stacheldraht sein kann.

Nur seine Augen lächelten nicht. Sie musterten mich zum ersten Mal anders als sonst. Bisher glitt sein Blick immer über mich hinweg, auch wenn er böse auf mich war, wie damals auf dem Schulhof, als er mich an den Ohren zog und mich ohrfeigte, weil ihm meine Haare zu lang waren. Weil ich mich losriß, bekam ich zwei Wochen Stubenarrest.

Der Blick heute war anders. Nach unserer Vorstellung wollte ich wieder in die Bäckerei zum Arbeiten. Jetzt, wo ich alt genug für Schulunterricht war, mußte ich auch nach den Hausaufgaben erste kleine Arbeiten verrichten. Eine Stimme rief mich:

»Hans, komm sag ›Guten Tag‹, komm her zu uns.«

Ich drehte mich um, ging auf *Tio*, der mich gerufen hatte, und Espinoza mit seiner Frau zu. Vor ihnen blieb ich stehen. Schäfer hatte schon mit Espinozas Frau über mich getuschelt. Heute glaube ich, daß er an mir seine Wohltätigkeit, chilenische Kinder aus bedürftigen Familien aufzunehmen und großzuziehen, hervorhob. Frau Espinoza himmelte mich entzückt an.

»Hans, wie alt bist du?«, fragte Schäfer.

»Acht«, flüsterte ich.

»Acht was«, fragte *Tio* mit ärgerlichem Unterton.

»Acht Jahre bin ich alt, mein Herr«, antwortete ich dem Gast neben Schäfer.

»Gutes Alter, mein Sohn. Was ist deine Aufgabe am heutigen Tage?«

»Ich spiele, danach muß ich in die Bäckerei, den Frauen helfen«, antwortete ich.

Ich hatte keinen Grund, ängstlich zu sein. Ich hatte alles bisher richtig gemacht. Meine Tränen beim Spielen hatte bestimmt niemand gesehen. »Geh, Hans. Ich werde bald auf dich zurückkommen.«

Mit diesen rätselhaften Worten verabschiedete Schäfer mich. Ich wandte mich um und ging zurück an meinen Platz.

Später ging ich durch die Reihen der Besucher Richtung Bäckerei. Verstohlen suchte ich mit Blicken den Jungen mit den Spielzeugautos. Er war nirgends zu sehen. Sicherlich war er mit dem Mann und der Frau, die neben Schäfer gesessen hatten, weggefahren. Ich war sehr neidisch auf ihn, nicht nur wegen des Spielzeugs.

Wie schön mußte es sein, mit zwei Erwachsenen ein

so nettes Verhältnis zu haben und gemeinsam Zeit verbringen zu dürfen, nicht wie ich Tag und Nacht nur mit Jungs zusammenzusein. Wie schön mußte es sein, Zeit zum Spielen zu haben und nicht Tag und Nacht arbeiten zu müssen. Wie schön mußte es sein, einen Erwachsenen anzulachen und keine Angst haben zu müssen, dafür bestraft zu werden. Langsam trottete ich weiter.

Abends, nach getaner Arbeit, ging ich zum *Kinderhaus*. Ich trödelte herum und ging gerade um eine Ecke des *Zippelsaales*, als ich direkt vor mir Schäfer mit dem Sohn von Espinoza an der Hand zu seinen Privaträumen gehen sah. Der Kleine sah zu Schäfer hinauf, der auf ihn einredete. Dann gingen sie hinein, und die Tür schloß sich hinter ihnen.

Nach dem Abendessen wartete ich in meinem Zimmer auf den Ruf von Tante Ursel. Sie war die Gruppentante, die uns Jungen immer geduscht hatte. Nichts durfte ja ohne Aufsicht geschehen. Ich saß auf meinem Bett, als die Tür aufging und Schäfer im Raum stand. Ich erschrak ordentlich, er aber lächelte: »Hallo Hans. Du hast ja gut ausgesehen als Zwerg vorhin. Als Dank wollte ich dich zu mir einladen. Tante Ursel weiß Bescheid, duschen kannst du bei mir.«

»*Tio*, ich muß gleich schlafen gehen, ich weiß nicht …«

»Keine Angst, kleiner Hans, ich erlaube dir, heute länger aufzubleiben. Laß uns gehen.« Er nahm meine Hand und zog mich mit.

Bilder von offenen Backöfen, dem Sohn von Espinoza und den staunenden Blicken der anderen Jungs, die im Gang standen, vermischten sich. Ich hatte Herzklopfen, plötzlich mit dem mächtigsten Mann, den ich kannte, über den Feldweg zum *Zippel* zu laufen. Es war etwas Besonderes, aus der Gruppe ausgewählt zu werden und mit dem *Pius* zu gehen.

Fast wie einige Tage zuvor, als er mich auf dem Weg vom Tor ins Dorf, der zu Fuß etwa eine Stunde dauert, mit seinem großen Mercedes überholt hatte und anhielt. Vorsichtig war ich am Auto vorbeigegangen, als er die Schreibe runterkurbelte und sagte: »Hans, komm steig ein! Ich fahre dich nach Hause!«

Mir war heiß, der Weg war lang und ich war auch ein bißchen interessiert daran, in diesem schicken Auto zu sitzen, das ich bisher nur immer an mir hatte vorbeifahren sehen.

»Danke schön«, sagte ich leise und setzte mich auf den Vordersitz.

»Na also, Junge! Das ist doch mal was anderes«, dröhnte Schäfer, strahlte mich an und fuhr mich bis zur Bäckerei. Den ganzen Weg über fragte er mich aus, wie es mit mir voranginge, ob ich glücklich sei und warum ich mich so oft mit den anderen Kindern streiten würde. Ich antwortete, ohne ihn anzusehen. Meine ganze Aufmerksamkeit galt dem Innenraum des Autos. So etwas Schönes hatte ich noch nie gesehen. Alles blitzte und war auf Hochglanz poliert.

Vor der Bäckerei angekommen, hupte Schäfer. Onkel Alfred kam heraus und staunte, als ich sehr stolz aus dem Wagen stieg. Schäfer winkte noch einmal und fuhr dann weiter.

Es dämmerte gerade, wenig Menschen waren unterwegs. Schäfer sprach auf mich ein, ich erinnere nicht mehr, worum es ging. Wir gingen am *Zippelhaus* vorbei, direkt zum *Freihaus*. Schäfer holte ein riesigen Schlüsselbund aus seiner Tasche, schloß die helle Tür auf und sagte: »Tritt ein und bringe Glück hinein! Na, Hans, möchtest du etwas trinken?«

Er brachte mir ein Glas Wasser, ließ sich in einen der braunen Sessel sinken, legte seine Pistole auf das Tischchen neben dem Sessel und schaute mich an. Ich wußte nicht, was ich tun sollte, und blicke zu Boden. Die Tür zum Nachbarzimmer öffnete sich und Paul, sein momentaner Sprinter, schaute herein. Er war sichtlich überrascht, Schäfer schon wieder in Gesellschaft vorzufinden.

»Na, Paulinchen, was machst du noch hier? Immer so fleißig, der Junge«, Schäfer blickte zu mir, »aber jetzt ist Feierabend, mein Junge. Den hast du dir redlich verdient. Bis morgen!«

Paul hatte keine Chance gehabt, auch nur einen Ton zu sagen. Er zog die Tür leise zu.

»Unser Paulinchen.« Schäfer lächelte. Ich verzog das Gesicht. Immer diese Spitznamen – nur weil Paul Lokken hatte, wurde er Paulinchen gerufen. Mich hatte Schäfer schon ein paar Mal *Konus* genannt, weil ich eine Figur wie ein Keil bekam. Alle Jungs hatten mich daraufhin ausgelacht, so daß ich allen Mut zusammengenommen und Schäfer gebeten hatte, mich wieder Hans zu nennen. Er hatte meine Bitte damals ignoriert.

»Und nun, mein Sohn, gehen wir duschen.« Schäfer sprang auf. »Du wirst müde sein, da wirkt eine Dusche Wunder.«

Ich folgte ihm ins Bad und begann mich auszuziehen. Schäfer stand an der Badewanne und stellte die Brause auf die richtige Wassertemperatur ein. Ich stieg in die Wanne und suchte nach der Seife.

»Laß, Junge, das mache ich schon«, sagte Schäfer. Ohne mich anzusehen fing er an, den Schaum auf meiner Brust und im Gesicht zu verteilen. Ich mußte die Augen schließen, trotzdem brannte der Schaum unter meinen Lidern. Davon abgesehen, fand ich dieses Duschen eigentlich recht angenehm, bis ich plötzlich seine Hand zwischen meinen Beinen spürte.

»Hier müssen wir immer ganz besonders gründlich saubermachen«, hörte ich Schäfers Stimme an meinem Ohr. Ich zuckte zusammen. Dort hatte mich noch niemals eine Person berührt. Ich bekam solch ein Herzklopfen, daß ich kaum noch atmen konnte. Wenn uns eines besonders streng verboten war im Kinderhaus, dann war es die Berührung oder die Beschäftigung mit unseren Genitalien. Das Ding war zum Pinkeln da und damit Schluß – daher fand ich die dauernden Fragen der Gruppentanten auch immer etwas überflüssig, ob wir auch im Bett die Hände brav über der Decke hatten oder ob wir in unseren Träumen gesündigt hätten. Ich konnte damit nichts anfangen. Dachten die, ich würde nachts noch ins Bett pinkeln?

Die große Hand zwischen meinen Beinen war mir sehr unangenehm. Ich dachte, daß der Chef mich eben besonders gründlich waschen würde. Es war das erste Mal, daß ich dieses Gefühl zwischen Angst und Peinlichkeit spürte.

»So, Junge, und jetzt hopp hopp, raus aus der Wanne! Hier liegt ein Handtuch. Trockne dich ab und geh wieder zurück zu deiner Gruppe. Du warst sehr brav, und ich habe noch große Pläne mit dir«, sagte Schäfer, zog sich abrupt zurück und verließ das Bad.

Ich machte mich fertig, zog mich an und ging ins Wohnzimmer zurück. Schäfer war nicht da, aber ich hörte seine Stimme leise aus dem Nachbarraum. Vorsichtig ging ich zur Tür und verschwand in der Dämmerung. Auf dem Weg zum *Kinderhaus* atmete ich tief durch. Es war schon etwas Tolles, von Schäfer so besonders behandelt zu werden. Die Hand zwischen den Beinen – das war eigentlich auch nicht so schlimm gewesen. Peinlich ja, aber er wollte es ja nur richtig machen mit der Sauberkeit. Eigentlich war er doch ganz nett gewesen.

Bald mußte ich lernen, was für eine Fehleinschätzung das war. Schäfer holte mich nun öfter zum Duschen. Jedes Mal stellte er sich neben die Wanne, machte mir Schaum in die Augen und fing an, mit seinen Händen zwischen meinen Beinen zu spielen. An einem Abend setzte er mich nach dem Duschen nackt auf seinen Schoß. Ich hatte ihn bis dahin während des Duschens noch nie angesehen oder mit ihm gesprochen. »Hör mal, Hans, du weißt doch, daß es eine große Schlechtigkeit ist, wenn du dich selber da unten berührst?«, fing er an. Ich wurde rot.

»Ja«, flüsterte ich.

»Hans, ich kontrolliere jetzt schon seit einiger Zeit, ob du dich dort berührst oder nicht«, fuhr er fort. »Es scheint mir, daß du das tust, Hans!« Seine Stimme war gefährlich leise geworden.

»Nein, *Pius,* wirklich nie«, antwortete ich.

»Sieh mich an, Hans!«

Ich blickte auf. »Wirklich nie!«

»Na das will ich dir auch raten. Nur ich darf das bei dir machen, verstehst du? Alles andere wäre eine schreckliche Sünde. Der Teufel selbst hätte Macht von dir ergriffen, solltest du jemals dich befriedigen oder das einem anderen erlauben! Und wenn es tatsächlich mal passieren sollte, mußt du mir versprechen, sofort zu mir zu kommen und es mir zu sagen! Verstanden?«

Ich war erschrocken, aber ohne schlechtes Gewissen. Das erste Mal in meinem Leben hatte ich das Wort »befriedigen« im Zusammenhang mit dem Ding da unten gehört, aber ich konnte überhaupt keinen Zusammenhang erkennen. Mir war schleierhaft, worauf Schäfer hinauswollte, denn ich hatte mir nichts vorzuwerfen. Daher schaute ich ihn auch direkt an und sagte: »Wirklich, *Pius,* ich habe nichts dergleichen getan. Ich werde nichts dergleichen tun.«

»So ist es recht, mein Sohn.« Schäfer lächelte in vertrautem Ton, gab mir einen Klaps und schickte mich wieder ins *Kinderhaus*. Dort lag ich in der Nacht lange wach, traute mich nicht, mich zu rühren, und dachte an Schäfers Worte. Wenn ich mich so anfassen würde, wie er es bei mir getan hatte, würde der Teufel in mich fahren? Das erschien mir sehr gefährlich. Ich empörte mich im stillen, daß für solch eine Gefahr nicht größere Sicherheitsmaßnahmen getroffen würden. Aber mit den anderen Jungen konnte ich darüber nicht sprechen. Wir alle hatten die Befehle der Gruppentanten im Ohr, die Hände immer über der Bettdecke zu halten, und schämten uns zu sehr, um unsere Unsicherheit darüber miteinander zu teilen. Außerdem hatte Schäfer mir immer wieder befohlen, über unsere Duschabende zu niemandem ein Wort zu verlieren.

In den folgenden Wochen, Monaten und Jahren wurde ich immer wieder zu Schäfer gerufen. Meistens nachmittags, manchmal auch abends. Jedes Mal fand er die Gelegenheit, mich auszuziehen und zu befummeln. Eines Tages hatte die Berührung sichtbare Konsequenzen: Ich entdeckte, daß mein Glied nicht nur zum Wasserlassen gemacht war. Als es sich versteifte, wurde mir schlecht. Das war bisher noch nie passiert. Aber Schäfer lachte leise: »Na bravo, mein Sohn. Jetzt bist du ein Mann. Und ich glaube dir, daß du dich nicht dort anfaßt, wenn du alleine bist.«

Dieses Lob machte die Lage ein bißchen leichter für mich, aber die neuen Gefühle, die sich in mir regten, das plötzliche Bedürfnis zu pinkeln und die vermeintlich drohende Strafe von Schäfer, wenn ich mich nicht zurückhalten könnte – seine milde Reaktion, als ich mich tatsächlich nicht zurückhalten konnte –, mein Schweißausbruch dabei, meine Scham, mein Herzklopfen, mein überraschtes Stöhnen, als ich nach unten sah und bemerkte, was ich angerichtet hatte – all das machte meinen ersten Orgasmus zu einem schrecklich-schönen Erlebnis.

Ich hatte zunächst wahnsinnige Angst, daß der Teufel mich jetzt in den Fängen hatte. »Onkel Paul, ich … es tut mir leid …«

»Nein, mein Junge. Beruhige dich. Das war ein ganz besonderer Moment für uns beide. Weil ich dabei bin, wird dir nichts geschehen. Nur mit mir kannst du diesen Genuß erleben. Das ist die Liebe Gottes, die zu uns spricht. Und du bist auch schon ein viel braverer Junge geworden, seitdem wir diese Liebe teilen, ist dir das auch schon aufgefallen? Du bist uns ein Wohlgefallen, Hans. Aber denk an meine Warnung: Faß dich nie dort an, wenn ich nicht dabei bin. Hast du verstanden?«

»Ja, Onkel Paul.« Ich flüsterte fast. Nun war ich total durcheinander. Sollte das heißen, daß ich dort unten jetzt immer so komisch hart werden würde? Und immer mit Schäfer? Es war mir in erster Linie peinlich, nackt neben ihm zu stehen oder auf seinem Schoß zu sitzen. Immer wenn ich schnell in sein Gesicht blickte, während er mich manipulierte, grauste es mir. Seine Haut war dann immer ganz rot, er schwitzte, und obwohl er niemals nackt war oder sich angefaßt hatte, quollen ihm fast seine Augen aus dem Kopf, dann stöhnte er auch so komisch wie ich und färbte sich langsam wieder normal. All das fand ich sehr unangenehm. Es ging mir Tag und Nacht nicht aus dem Kopf, und mir wollte nicht einfallen, wie ich das Interesse von Schäfer wieder von mir ablenken könnte.

Um mich abzulenken, suchte ich Streit. In der Gruppe gab es ein, zwei Jungen, die mich wegen meiner häufigen Besuche beim *Pius* aufzogen. Ich war groß und stark für mein Alter, also schlug ich schnell zu. Ich war sehr dünnhäutig geworden. Schon nach der ersten größeren Schlägerei alarmierte die Gruppentante, die dazwischen, gegangen war, Schäfer.

Er ließ mich am nächsten Tag mitten im Unterricht raus- und zu sich rufen. Er saß allein in der *Alten Küche,* als ich eintraf. Er hieß mich warten. Bedrückt stand ich vor seinem Schreibtisch und versuchte, aus seinem Mienenspiel schlau zu werden. Er las konzentriert die Briefe, die vor ihm lagen, und würdigte mich keines Blickes.

›Was mag ich nur ausgefressen haben?‹, fragte ich mich. Ich ahnte, daß ich diesmal bestraft werden würde. Vielleicht hatte ich gestern Wasser getrunken, ohne wirklich Durst zu haben? Aber das hatte ich doch keinem gestanden, oder doch? Vielleicht ... Schäfer schaute auf. Ein Bewohner des *Waldhauses* war an der Tür aufgetaucht und erzählte Schäfer von seinem Zimmernachbarn, der gestern beim Steinesammeln eine unerlaubte zweistündige Pause eingelegt hatte. Schäfer schrieb mit und sagte: »Gut beobachtet, Peterchen. Danke dafür.«

Dann sah er zu mir. »Hans, komm her! Mit dir stimmt doch was nicht.« Er stand auf und nahm mich am Arm und zog mich in die angrenzende Speisekammer. Er zog die Tür zu und raunte: »Hier sind wir ungestört. Was denkst du dir eigentlich, den Uwe zu vertrimmen? Welcher Deibel ist in dich gefahren? Komm her, Bürschchen! Habe ich dir nicht gesagt, du sollst keinen an dich ranlassen?«

»Nein, der Uwe hat mir die ...«

»Hans! Lüg mich nicht an! Du hast nur Streit vom Zaun gebrochen, weil du ein schlechtes Gewissen hast – und zwar vor dir selbst! Du hast an dir gespielt, ich seh's dir doch an!«

»Nein, ich ...«

»Ach so! Du hast den Uwe rangelassen! Und weil du

weißt, was dann passiert, wolltest du ihn zum Schweigen bringen! Komm her!«

»Nein, ich ...«

»Schweig! Es gibt nur einen Weg, mir zu beweisen, daß du nichts selber getan hast! Willst du das jetzt für mich tun?«

»Onkel Paul, ich weiß nicht, was du meinst ...«

»Hans! Stell dich nicht blöder an, als du bist!« Seine Stimme war plötzlich ganz sanft geworden. »Ich fühl's doch! Nix regt sich bei dir! Du hast Heimlichkeiten vor mir, gib's zu!« Mit diesen Worten zwickte er mich zwischen den Beinen, wo seine Hand die ganze Zeit schon rumfummelte.

»Hans, sei artig! Du willst doch nicht, daß unsere kleinen Verabredungen aufhören? Gerade jetzt hatte ich vor, dich ins Gold mitzunehmen! Und wenn du dich gut anstellst, habe ich noch weitere große Aufgaben für dich! Nun zeig schon, ob du mir noch böse bist! Du weißt doch inzwischen, wie es geht! Siehst du? Schon spüre ich deine Liebe!«

Gleich darauf zog er sich abrupt zurück, ordnete seine Sachen und wies mich an:

»So, jetzt komm. Ich muß noch arbeiten. Warte hier auf mich.« Und er ging wieder an seinen Schreibtisch. Ich blieb verwirrt und erregt zurück.

Was sollte das denn? Nun war ich völlig durcheinander. Es erschien mir wie eine Ewigkeit, bis Schäfer seine Spitzel alle gehört hatte und mich mit in seine privaten Räume ins angrenzende *Freihaus* nahm. Kaum schloß sich die Tür hinter uns, spürte ich seine Pranke in meiner Unterhose. Es ging sofort unter die Dusche.

In dieser Nacht mußte ich das erste Mal bei ihm bleiben. Und als wir beide nackt in seinem Bett lagen, die Lichter gelöscht, mußte ich ihm an seinem Körper demonstrieren, was er vorher unter der Dusche bei mir gemacht hatte.

Colonia Dignidad, September 1975

Meine Kameraden im *Kinderhaus* hatten inzwischen oft erlebt, daß ich nachts nicht nach Hause gekommen war. Keiner sagte etwas. Tante Ursel, schien mir, behandelte mich besonders liebevoll. Da ich der Älteste unserer Gruppe war, begleitete ich sie in der Zeit, wenn die anderen Mittagsschlaf hatten, gern zur *Nähstube,* wo die Ausgabe all der Dinge stattfand, die im täglichen Leben gebraucht wurden. Dort führte Tante Johanna, mit ihrem grauen Dutt und der blauen Kittelschürze, das Regiment.

»Tante Johanna, ich möchte gern eine andere Zahnpasta, diese schmeckt mir nicht!«, sagte ich einmal in einem Anfall von Übermut, als sie mir meine wöchentliche Zahnpastaration aushändigte – nicht in der Tube, sondern sorgfältig in ein kleines Glas abgefüllt. Sie hielt in der Bewegung inne.

»Hans, wie kommst du denn dazu, deine Zahnpasta in Frage zu stellen? Mach das nie wieder und sei zufrieden mit dem, was der liebe Gott dir beschert!«

Diese Worte machten mir sofort wieder Angst. Würde sie Schäfer von meinem unbotmäßigen Verhalten erzählen? Niemals wurde ich jedoch auf diese Episode hin angesprochen, obwohl ich sicher Stubenarrest verdient hätte. Im Gegenteil, Tante Johanna kam sogar manchmal an den Tagen, an denen die biologischen Eltern der

Kolonie ihre Kinder im *Kinderhaus* besuchen durften, zu mir und fragte mich über mein Leben aus. Manchmal wurde sie dabei von einer schönen, dunkelhaarigen Chilenin begleitet. Ich stellte mir nachts in meinem Bett vor, daß diese schöne Fremde, die sich so sehr für mich und mein Leben zu interessieren schien, meine leibliche Mutter war. Nie aber wagte ich, sie das zu fragen.

An einem Sonntag befahl mir Tante Ursel, meine Kniebundhose und das karierte Hemd anzuziehen. Dies war nur bei besonderen Gelegenheiten erlaubt. War hoher Besuch angekommen? Schnell lief ich zu Tante Johanna, die mich mit den Sachen in der Hand schon erwartete.

»Hier, Hans, schlüpf schnell rein«, sagte sie. »Wir machen gleich einen kleinen Ausflug.« Tante Johanna sah auch ganz feierlich aus, in einem fröhlich geblümten Kleid, welches ich noch nie an ihr gesehen hatte, die Haare zu einem lockeren Knoten zusammengesteckt. Irgendwie sah sie frischer aus im Gesicht als an den anderen Tagen, wenn sie mich im *Kinderhaus* besuchte. Wir gingen zu meiner Überraschung nicht weit. Gleich neben dem Haus, an der Wiese, die zum Fluß hinunterführt, stand ein Mann mit einem großen Stativ und darauf einer schweren Kamera.

Ich hatte den Fotografen schon mal gesehen, als er an den Besuchstagen fotografierte, und mich im stillen über seine altmodische Kamera lustig gemacht. Da ich oft die Funker oben im *Flip,* dem dritten Stock des *Zippelhauses,* besuchte, wußte ich, was die Kolonie alles an technischen Finessen besaß – jeder Zentimeter des Geländes wurde von Kameras überwacht. Auf großen

Monitoren beobachteten Tag und Nacht die *Mittleren Knappen* und die *Askaris* das Gelände der Kolonie. Stolperdrähte aus Kupfer waren kilometerlang quer über das gesamte Gelände gespannt. Wenn die zerrissen, sei es durch einen Menschen oder ein Tier, wurde ein elektrischer Fluß durchbrochen und das Signal sofort an die Zentrale gesandt. Dort konnten die Wachen dann auf dem Monitor sehen, an welcher Stelle der Draht kaputt war, und je nach der nächsten beschädigten Stelle ließ sich feststellen, ob die Person sich vom Gelände der Kolonie wegbewegte oder hinein. Sofort wurde dann stiller Alarm ausgelöst, und bewaffnete Trupps machten sich mit den Hunden auf, entweder die Eindringlinge zu verjagen oder den Flüchtenden zu überraschen. So perfekt war das Zusammenspiel zwischen Mensch und Technik, daß Flucht nahezu unmöglich war.

Auch wurden mit hochempfindlichen Mikrofonen und Kameras, die an zentralen Stellen des Dorfes und des Eingangstores versteckt waren, beinahe alle Gespräche aufgezeichnet. Dies alles, so sagte Schäfer immer, diente nur der eigenen Sicherheit. Der rote Teufel – der Kommunismus, die politische Linke – draußen wartete nur darauf, uns alle zu verschlingen.

Wir – Tante Ursel, Tante Johanna und ich – nahmen vor der Kamera Aufstellung, der Fotograf machte ein paar Aufnahmen, und schon mußte ich die feinen Sachen abgeben und zurück ins *Kinderhaus* gehen.

Dort waren die Kinder inzwischen aufgewacht und aßen ihren nachmittäglichen Bananenbrei.

»Tante Ursel, wieso bekomme ich eigentlich keinen Bananenbrei mehr?«, fragte ich anklagend.

»Du bist doch viel zu groß, Hans. Du bekommst nur dann Bananenbrei, wenn du auch wieder in Deinem alten Gitterbettchen schläfst«, erwiderte sie lachend.

»Ja, das mache ich«, rief ich und kletterte abends begeistert in mein altes Gitterbettchen und rollte mich zusammen. Lange streichelte mir Tante Ursel an diesem Abend über den Kopf.

»Ja, wenn du nur wieder so klein wärst, was, Hans?«, murmelte sie. Am nächsten Tag bekam ich auch wieder Bananenbrei.

Erst viel später erfuhr ich, was es mit dem Foto auf sich hatte: An diesem Tag wurde ich adoptiert – obwohl ich weder Waise war noch meine Eltern jemals eingewilligt hatten.

Wenn ich die Nächte nicht in meinem Gitterbettchen verbrachte, lag ich im Doppelbett von Schäfer. »Nun zeig mir doch, was du vorhin bei dir gemacht hast«, zischte es neben mir aus der Dunkelheit. Zögernd, mit zugekniffenen Augen, tastete ich nach rechts. »Komm, leg dich zu mir. Hast du mich denn gar nicht lieb?«, fragte der Chef aller Koloniebewohner mit piepsiger Stimme.

Ich sagte: »Aber *Tio*, natürlich habe ich dich lieb. Du bist der Liebste für mich« und rollte auf seinen dicken Bauch, bemüht, in der Dunkelheit nicht wieder hinabzurollen oder die schwere Decke auf meinem Rücken verrutschen zu lassen. Dann steckte ich mein Glied zwischen seine Beine. Er grunzte. Ich ruckelte ein bißchen hin und her, dann kitzelte er mich und warf mich ab. »So, genug gespielt. Jetzt wird geschlafen«, sagte er. Ich lag hellwach neben ihm. Durch die Bewegung war bei mir im Gegensatz zu ihm spürbare Erregung aufgetreten.

Schäfer selber hatte nie eine Erektion. Ihm reichte wohl die Berührung.

Inzwischen hatte ich gelernt, die Situation zu meinen Gunsten auszunutzen. Wenn ich jetzt irgendwann im Laufe des Tages zu ihm gerufen wurde, freute ich mich, da ich dann nicht mehr zur Schule gehen oder arbeiten mußte. Ich durfte dann neben ihm sitzen, durfte seine Post ordnen oder für ihn das Essen abholen, lauter kleine Dienste, die allesamt angenehmer waren, als Hausaufgaben zu machen oder danach bei der Ernte zu helfen.

Allerdings mußte ich auch damit leben, daß unser Lehrer Hermann Schmidt vor versammelter Mannschaft mit verächtlichem Unterton zu mir sagte: »Ach, du hast deine Hausaufgaben *wieder* nicht gemacht? Na ja, du bist ja auch *sehr* beschäftigt als Sprinter!« Deutlicher hat zu jener Zeit nie jemand uns gegenüber Kritik an Schäfers Mißbrauch geübt oder auch nur darüber Andeutungen gemacht.

Allerdings gab es andere Jungen, die ihre Aufgaben mit deutlich mehr Enthusiasmus erfüllten als ich. Eines Tages rief mich Eckhart in den Keller des *Kinderhauses*. Eckhart war zwei Jahre jünger als ich und schlief mit mir in einem Zimmer im *Kinderhaus*. Ich hatte schon seit einigen Wochen das Gefühl, daß auch er von Schäfer abgeholt wurde. Allerdings kam mir kein sexueller Hintergrund in den Sinn, ich wußte ja nicht einmal, was »sexuell« bedeutete. Ich dachte, er wird Aufgaben zu erledigen haben. Doch die Natur dieser »Arbeiten« für

Schäfer wurde mir klar, als ich die Treppe hinunterkam und Eckhart auf mich wartete.

Im Schein einer kahlen Glühbirne zog er mich an sich und sagte: »Zeig mir deinen, und ich zeig Dir meinen!« Ich erschrak. »Nein, laß mich los! Das ist Sünde! Das ist verboten!«

»Ach Hans, es macht Spaß! Das kriegt doch keiner mit, wenn wir das machen! Endlich mal ohne den Alten!«

Ich weiß nicht, was mir in dem Moment mehr Angst machte: der Anblick von Eckhart, der mit offener Hose vor mir stand, die Angst vor der Sünde, vor der Schäfer mich wieder und wieder gewarnt hatte, oder die Bezeichnung »der Alte« für Schäfer selbst. Aber diese Mischung aus Angst und aufkeimender Lust war verführerisch. Dieses Mal riß ich mich los und hastete die Treppe hinauf. Beim nächsten Mal, als Eckhart mich rief, blieb ich da.

Der Winkel unter der Treppe wurde zu einer Art Versteck für uns. Jedes Mal, wenn ich daran dachte, spürte ich die Schuld, die ich mir mit diesen allerdings seltenen Besuchen aufhalste. In meinem Kopf hallten Schäfers Worte: »Wenn ich dir in die Augen gucke, weiß ich schon, ob du wieder etwas angestellt hast!«

Aber gerade das Verbotene reizte uns, uns wieder zu treffen. Denn die Gefahr war groß, daß wir, wenn Schäfer uns nach unseren Zusammenkünften zu sich rief, nicht mehr sofort zu erregen waren und er so Verdacht schöpfen konnte. Kurz, es war der gravierendste Regelverstoß, den ich mir bisher erlaubt hatte. Aber eines Tages erwartete mich im Keller nicht nur Eckhart, sondern auch Martin. Auch er war ein Zimmernachbar von mir, circa sieben Jahre alt. Er war den Tränen nahe. »Was ist los?«, fragte ich. Erst wollten beide nicht raus mit der Sprache, aber dann flüsterte Martin: »Bei mir kam gestern Blut. Kommt das jetzt wieder?«

Ich war wie versteinert vor Schreck. Da war sie also, die Strafe für unsere Sünden!

»Was denn für Blut?«, hörte ich mich fragen. Nach und nach berichtete Martin von der letzten Zusammenkunft mit Schäfer, der so stark an seinem Glied gezogen hatte, daß das Vorhautbändchen riß und es blutete. Wir schafften es, Martin zu erklären, daß das bestimmt nichts Schlimmes war und er keine Angst haben müßte, daß es jetzt immer bluten würde.

Aber ich vergaß diesen Vorfall nie und träumte noch jahrelang davon.

Diese Erlebnisse veränderten mich. Ich wurde im *Kinderhaus* zum Störenfried. Sei es, daß mir die Zahnpasta nicht schmeckte, sei es, daß ich meine Arbeitskleidung verlor – immer tat ich etwas gegen das Gemeinwohl und wurde mit Schlägen und Stubenarrest bestraft.

Eines Tages hatte mich Schäfer wieder aus der Hausaufgabenstunde zu sich in die *Alte Küche* bestellt. Er führte mich sofort in die Speisekammer und begann das Verhör ungewöhnlich aggressiv.

»Hans, du hast etwas angestellt. Du hast den Teufel im Leib, gib es zu! Du bist schuldig geworden!«

Die ewiggleiche Litanei hatte mich abstumpfen lassen. Meine Widerworte kamen nur schwach. Da reichte mir Schäfer einige bunte Tabletten und sagte: »Ich werde dir die Hurengeister schon austreiben. Hier, nimm das. Danach wirst du dich besser fühlen.«

Mit einem Glas Wasser mußte ich die Tabletten hinunterspülen. »So, und nun geh weiter Hausaufgaben machen«, sagte Schäfer aufmunternd. Ich trottete zurück. Komisch, daß er mich gar nicht angefaßt hatte, freute ich mich. Kaum war ich im Klassenzimmer angelangt, wurde ich müde. Am nächsten Abend bekam ich von der Gruppentante wieder eine Handvoll Tabletten, die ich nehmen mußte. Es waren zuerst fünf, später acht.

»Was soll das? Ich bin doch nicht krank!«, sagte ich zu ihr. »Doch, Hans, du bist leider sehr krank gewesen, als du hierher gekommen bist. Du warst unterernährt«, sagte Tante Ursel. »Du mußt diese Tabletten nehmen, damit es dir weiterhin gutgeht.«

Ich murrte, wollte aber keine Strafe riskieren und schluckte sie mit Todesverachtung hinunter. Jeden Abend. Die Folge war, daß ich im Unterricht vor mich hin döste und die üblichen Kabbeleien zwischen mir und den fast gleichaltrigen Jungs nachließen. Ich hatte keine Lust mehr, mich zu streiten, und war froh, wenn ich neben der Schule noch Aufgaben wie Gras harken oder Steine sammeln, zu denen Schäfer uns abkommandierte, erledigen konnte.

Jetzt ließ mich Schäfer oft bei sich schlafen. Er hatte ein Extrabett in seinem Schlafzimmer aufgestellt, und wenn wir mit dem »Duschen« fertig waren und ich erledigt, wie ich war, in das neue Bett gefallen war, dachte er wohl, daß ich tief und fest eingeschlafen sei, sobald mein Kopf das Kissen berührte.

Ich ließ ihn auch in dem Glauben; denn wie groß war mein Schreck, als Schäfer nach einigen Minuten wieder aufstand, die Wohnzimmertür öffnete und Günter ins Badezimmer führte! Benommen hörte ich ihre Stimmen im Bad, dann tapsten sie in Schäfers Bett. Die Geräusche der beiden waren mir oft so zuwider, daß ich trotz der Tabletten mit klopfendem Herzen hellwach blieb, immer in der Angst, beim Lauschen erwischt zu werden oder mit zu den beiden geholt zu werden. Vor allem aber schämte ich mich, Zeuge von Schäfers Treiben mit anderen Jungen zu werden.

Um Schäfer einen Hinweis zu geben – denn verraten, daß ich etwas mitbekommen hatte, konnte ich mich ja nicht – sagte ich eines Morgens: »*Tio,* was sind das für Tabletten, die ich nehme? Die machen mich tagsüber müde, und nachts kann ich nicht einschlafen!«

»Junge, du hast den Teufel im Leib! Du bekommst ein Mittel, das dich ruhiger macht. Sei froh, daß meine Liebe zu dir so groß ist und ich dir diese Vorzugsbehandlung zukommen lasse!«

Ich war wieder still. Erst Jahre später dämmerte mir, was Schäfer mit dieser Bemerkung wohl gemeint hatte: Er wollte, daß meine Hände auf jeden Fall über der Bettdecke liegenblieben. Ich war vielen Jungen meines Alters Jahre voraus, auch sexuell. Vielleicht weil ich Chilene bin. So viel Temperament muß Schäfer unheimlich geworden sein. Außerdem wurde so meine Aggressivität gegenüber den Jungen meiner Stube gedämpft.

Doch bald darauf verfügte Schäfer, daß ich zu alt fürs

Kinderhaus sei und ordnete meinen Umzug ins Haus der *Heilsarmee* an, die Gruppe der 15- bis 35jährigen. Damit begannen erst wirklich die Jahrzehnte des Leidens.

Annaweg, zwischen *Bäckerei* und *Zippel,* 1977

»Heute ist ein großer Tag für dich, Hans!« Wir gingen zusammen den Weg zum *Spessart,* einem der Wohnhäuser der *Heilsarmee.* Scheu guckte ich zu Schäfer hoch. Er lächelte. »Du bist der Jüngste, den ich bisher für die *Heilsarmee* ausgesucht habe, das ist eine Auszeichnung, vergiß das nicht! Und mach mir keinen Kummer, du weißt schon!«

»Nein, *Tio,* danke.«

»Unter der Fahne der Einigkeit seid ihr versammelt«, fuhr Schäfer wie zu sich selbst fort, »und ihr seid meine Zukunft. Die *Heilsarmee* sind Burschen nach meinem Geschmack. Ihr sorgt dafür, daß die Lehre Gottes eingehalten wird und daß die Teufel draußen bleiben. Ihr habt mein ganzes Vertrauen, von eurer Arbeit hängt die Zukunft der Kolonie und unser aller Seelenheil ab.«

Während seiner Rede waren wir in das Holzhaus, das direkt am Wald lag, eingetreten. Im Versammlungsraum saßen etwa zehn junge Männer, der Rest der Hausbewohner war zur Arbeit. An der Kopfseite des Raumes hing eine große Fahne, sie zeigte ein Seil, an dem mehrere Hände zogen. Darüber stand verschnörkelt: *Concordia.*

»Hier kommt euer neues Mitglied. Ihr kennt Hans.

Weist ihn ein. Hans, dies ist Georg. Er wird sich in der nächsten Zeit um dich kümmern.«

Ein großer Mann trat vor. Georg Schmidtke war etwa zwanzig, ein blonder Hüne mit Händen wie Schaufeln. An seiner rechten Brust trug er einen Pistolenhalfter – also gehörte er zu der Truppe, die in der Kolonie an der Waffe ausgebildet wurden. Er war sowohl als Leibwächter wie auch als Sprinter bei Schäfer tätig. Mißmutig schaute er mich an. Sicher machte es ihm keinen Spaß, das Kindermädchen für einen widerspenstigen Jungen zu spielen.

»Alles klar, *Pius*. Ich freue mich, ein weiteres Mitglied der *Heilsarmee* zu begrüßen. Hans, du wirst dich bei uns wohl fühlen. Ich bin Georg.«

Schüchtern reichte ich ihm die Hand. Schäfer verließ den Raum, während Georg und ich uns zu den anderen an den Tisch setzten.

»Weißt du, was dich hier erwartet?«, fragte einer.

»Nein, nicht genau«, antwortete ich.

»Dein Leben wird sich grundlegend ändern. Du bist jetzt erwachsen. Das heißt, du kannst deine Zeit im *Kinderhaus* vergessen. Jetzt bist du ein Mann und wirst auch so behandelt«, sagte Georg, während er den anderen Männern zuzwinkerte. Alle schienen mir uralt, aber ich hatte gelernt, die Älteren vorbehaltlos zu respektieren. Ich nickte also.

»Du bist ein Querulant. Das werden wir dir hier schon abgewöhnen. Dein Tagesablauf sieht ab jetzt so aus:« Georg reckte sich und setzte eine wichtige Miene auf. »Morgens kriegste nicht mehr dein Frühstück ans Bettchen wie im *Kinderhaus*. Um sieben Uhr gehen wir alle geschlossen zum Essen in den *Zippelsaal.* Danach geht's für dich in die Schule. Nach dem gemeinsamen Mittagessen um 12 Uhr hast du ab sofort immer zwei Stunden Musikinstrumentenlehre und Chor. Danach Hausaufgaben, und wenn du gebraucht wirst, hilfst du dann mit bei der Ernte. Das wichtigste ist aber: Du kannst mit zu den Gemeindeversammlungen und den Gebeten der *Herren*. Das heißt, du wirst als vollwertiges Mitglied der Gemeinschaft anerkannt und mußt dich auch den Regeln beugen. Ich habe schon gehört, daß du ein Aufrührer bist. Das wirst du seinlassen. Für jedes Widerwort gibt es eine Ohrfeige. Für Gewalt gegen Erwachsene gibt es eine Ohrfeige. Für Lügen gibt es eine Ohrfeige. Du mußt innerhalb von 12 Stunden schriftlich begründen, warum du sie verdient hast. Der dich schlug, muß dieses Dokument abzeichnen«, er plusterte sich auf und sah stolz in die Runde, »und zu Schäfer bringen. Er entscheidet dann, ob der Fall in die Versammlung kommt. Verstanden?«

Mir schwirrte der Kopf, ich wollte eigentlich nur zurück ins *Kinderhaus*. Doch irgendwie war ich auch stolz, nach den harten Regeln der *Heilsarmee* leben zu müssen und dazuzugehören. »Ja!«, rief ich mit fester Stimme. »Gut so! Komm, ich zeig dir dein Bett. Wir teilen uns ein Zimmer«, rief Georg, stand auf und ging den langen Gang entlang, an dem rechts und links die Mehrbettzimmer der *Heilsarmisten* lagen. Ein dunkles Zimmer am Ende des Flures war unseres. »Hier, nimm das Bett links«, sagte Georg. Dann faßte er mich an den Schultern und dreht mich zu sich.

»Und damit wir uns richtig verstehen: Ich will keinen

Ärger, verstehst du? Du machst, was ich sage, nimmst Deine Tabletten und siehst zu, daß du keine Scherereien machst, verstanden? Dann darfst du auch vielleicht mit ins Gold.«

»Ja«, murmelte ich.

»Na, dann komm. Es wird Zeit fürs Mittagessen.«

Zusammen mit der Gruppe gingen wir zur Küche. Es war einiges los, da viele Arbeiter und Arbeiterinnen ihr Mittagessen bekamen. Es wurde in der Großküche neben dem *Zippelsaal* ausgeteilt. Mit dem Teller in der Hand setze sich dann jede Gruppe an bestimmte, festgelegte Plätze. Die *Heilsarmee* saß immer im *Zippelsaal*. Das war ein besonderes Privileg, denn manchmal kam Schäfer dazu. Meist aber nahm er seine Mahlzeiten alleine in der *Alten Küche* ein.

Nach dem Essen bekam ich die erste meiner Musikstunden. Sie sollten in den folgenden Jahren ein immer wiederkehrendes Ritual werden: zwei Stunden Instrumentenlehre und Chor. Ich lernte Tenorhorn, Basstrompete und Geige.

Bisher hatte ich mich nicht um mein Essen oder die Kleidung kümmern müssen. Im *Kinderhaus* wurde uns alles bereitgelegt. Jetzt mußte ich nicht nur zu den Mahlzeiten im *Zippelsaal* erscheinen, sondern auch in der *Nähstube* einmal pro Woche meine Arbeits-, Sonntags- und Feierabendkleidung abholen. Immerhin sah ich bei diesen Gelegenheiten manchmal Tante Johanna. Sie schimpfte aber genauso wie alle anderen mit mir, wenn ich ein Loch im Strumpf hatte oder ich während der Woche eine saubere Hose haben wollte. Dann wurde Schäfer Mitteilung gemacht, wie ich nur dazu käme, mir mehr als all die anderen herausnehmen zu wollen, immer würde ich etwas Besonderes sein wollen, das wäre alles Teufelei und bei meinem schlechten Charakter sowieso kein Wunder.

Besonders unangenehm empfand ich, daß wir nur noch einmal in der Woche duschen durften. Ich hatte schon, seitdem ich *Sprinter* war, von den anderen Jungs, die ebenso Schäfer zu Diensten sein mußten, die eine oder andere Bemerkung über das gemeinschaftliche Duschen am Samstag gehört. Auch hatte ich manchmal aus dem alten Heizungskeller, der sich unter der Bühne des *Zippelsaales* befand und in dem die Duschen installiert waren, die Gesänge der *Heilsarmee* gehört, die mit Dunstschwaden des heißen Wassers durch die Abluftschlitze in die kalte Morgenluft drangen. Es kam mir immer etwas unheimlich vor, diese dumpf klingenden Lieder wie »Kameraden, wir marschieren«, zu hören.

Jetzt war ich alt genug, um dazuzugehören. Am Samstagmorgen weckte Georg mich um sieben Uhr.

»Auf, auf, zum Duschen! Nimm deine Arbeitsklamotten mit, die kannst du dort gleich abgeben!«

Wir gingen hinaus und trafen auf dem kurzen Weg zum Keller viele *Heilsarmisten*, die verschlafen in dieselbe Richtung trotteten. An der Treppe zum Heizungskeller stauten wir uns. Unten schlug mir feuchte, nach Schimmel riechende Luft entgegen. In einem Vorraum standen die Wäschetanten, die mir einen großen Sack gaben, auf dem mein Name eingestickt war. Ich mußte meine schmutzigen Kleider dort reinwerfen, den Sack abgeben und die einzelnen Wäschestücke quittieren. Dann gingen wir in Turnhose durch einen Vorhang in den nächsten Raum. Ein riesiger Saal öffnete sich, an dessen rechter Seite fünf Duschen installiert waren, die mit Mauern voneinander und mit Vorhängen zum Raum hin geschlossen waren. Geradeaus, unter den Lüftungsschlitzen, die Fäden von Tageslicht in den Raum ließen, stand ein Sessel, auf dem Schäfer Platz genommen hatte. Er grinste behaglich. Dieser wöchentliche Termin machte ihm sichtlich Spaß. »Singt, Männer! Ich will fröhliche Gesichter sehen«, rief er dröhnend. Wir sangen.

»Wir wollten mal auf Großfahrt gehen,
Bis ans Ende der Welt.
Das fanden wir romantisch schön,
Mit Kochgeschirr und Zelt.
Heijo, heijo, wir sind nun einmal so!
Gehen auf große Fahrt
Zum Nordpol und nach Mexiko,
So recht nach Lausbubenart …«

Nacheinander betraten die Männer, manche von ihnen schon über vierzig Jahre alt, die Duschen. Schäfer beobachtete die Schlange fast nackter Leiber sehr genau. Ab und zu stand er auf und ging zu den Duschen, guckte hinter die Vorhänge, verschwand auch mal dahinter, während das Wasser abgestellt wurde. Dann kam er wieder heraus, Schaum an den Händen. Als ich dran war, dauerte es auch nicht lange, bis er vor mir stand.

»Na Hänschen, jetzt bist du also auch ein ganzer Mann! Ich will nur gucken, ob du keine Ferkeleien anstellst hier unter der Dusche! Du weißt ja, was dir dann blüht!« – sprach's und verschwand hinter dem Vorhang der Nachbardusche.

Dieses Ritual vollzog er beharrlich – über Jahrzehnte.

Jeder wußte, was er damit bezweckte. Nicht die Kontrolle, ob man sich selber beim Duschen berührte, trieb ihn dazu, sondern der sexuelle Reiz, der sich bei ihm in der Paarung von »Säuberung des Körpers« und »sündiger« Sexualität manifestierte. Ich bin erst Jahre später dahintergekommen, daß dies sein Fetisch war. Was aber in seinem Gehirn als Kind mal im Zusammenhang mit Duschen und Sex schiefgelaufen war, habe ich nie herausbekommen.

Außerdem waren diese Samstage eine gute Gelegenheit für ihn, die jüngsten Neuzugänge nackt unter die Lupe zu nehmen und hinter dem Duschvorhang zu prüfen, ob sie seinem Geschmack entsprachen oder nicht. Dies genoß er besonders, als Jahre später bis zu zweihundert chilenische Kinder aus den umliegenden Dörfern wochenendweise in der Kolonie zu »Gast« waren.

An diesem Tag erlebte ich auch meine erste Gebetsrunde. Ich war gerade auf dem Weg von der *Schlosserei* zum *Hühnerstall*, als mich hinter dem *Sägewerk* zwei ältere *Askaris* ansprachen. »Hallo Hans, heut' schon gebetet?«, fragte mich der eine. »Nein, ich wollte gerade …«, stotterte ich. »Na dann los, wir müssen gleich aufs Feld und haben noch keinen dritten gefunden. Los, fang an, Robert!«

Robert räusperte sich: »Lieber Gott, danke für Deine Gnade. Du bist das Licht, das mich führt. Durch Deinen Willen bin ich in dieser treuen Gemeinschaft. Trotzdem: Ich habe in Deinem Namen Unrecht begangen. Gesündigt in Gedanken und Taten. Ich habe im Getreidesilo eine Flasche Apfelmost gefunden und sie ausgetrunken, anstatt sie abzugeben. Dabei habe ich mir gewünscht, für mich allein und immer einen Vorrat an diesem herrlichen Saft zu besitzen. Verzeihe mir, o Herr, dafür.« Robert holte tief Luft. Er hatte während des Gebetes die Augen geschlossen. Jetzt öffnete er sie wieder und schaute seinen Kumpel an.

»Ich habe Deinen Namen in frevelhafter Weise in den Mund genommen, o Herr, aber es sofort mit drei Ave Maria bereut und hoffe, daß Du es mir nicht übelnimmst, will auch nie wieder HimmelArschundZwirn sagen, Amen«, haspelte der herunter. »So, Hans, mach schnell!«

Ich war ganz klar im Kopf. Ich wußte, daß jede Beichte eines wirklichen Vergehens sofort an Schäfer weitergegeben würde. Robert war ein ganz enger Spitzel von ihm. »Herr im Himmel, Dein Reich komme. Dein Wille geschehe, wie im Himmel so auf Erden. Ich spüre Deine Nähe, wo immer ich bin. Ich bin aber nur ein Mensch und daher fehlbar. Gestern hatte ich nach der Schule keine Lust, Hausaufgaben zu machen. Aber nach einem Moment der Besinnung fand ich im Gebet die Stärke, doch anzufangen. Amen.«

Ich guckte zum Boden. Hoffentlich merkten die beiden nicht, daß dieses Gebet eine Verlegenheitslüge war.

»Alles klar, Hans. Wir sehen uns morgen bei der Versammlung. Tschüß!«, sagten die beiden und zogen ab. Ich kehrte auf den Weg zurück und trottete zum Stall.

An vielen, vielen Tagen erscholl am Abend der *Herren-Pito,* das akustische Signal, daß Schäfer eine außerordentliche Versammlung im *Zippelsaal* anberaumte.

Wir ließen alles stehen und liegen und gingen zum Saal. Was war jetzt wieder los?

Schäfer saß schon auf seinem Thron. Er sah sehr schlecht gelaunt aus. »Habt ihr es etwa verdient, heute zu singen? Eure Disziplin ist schlechter, als ich es in meinen schlimmsten Träumen befürchtet habe! Ihr seid faul und nicht bei der Sache bei den Gebeten! ›Wenn drei versammelt sind, bin ich mitten unter ihnen‹, spricht unser Herr Jesus!

Wenn hier drei von euch versammelt sind, passiert gar nichts! Auf meinem Schreibtisch stapeln sich die Vergehen jedes einzelnen von euch! Ich hätte nicht übel Lust, diese Versammlung abzusagen und euch alle in die Betten zu schicken! Aber wichtige Vorgänge können nicht mehr unter den Teppich gekehrt werden!«

So redete er sich in Rage. Alle saßen mit eingezogenen Köpfen auf den Bänken und hörten zu. Im Endeffekt liefen diese Sitzungen immer gleich ab: Schäfer wollte sich vergewissern, was an einzelnen Denunziationen dran war. Er begann, den »Schuldigen« auszufragen und die »Zeugen« des Vorfalls dazu zu vernehmen. Der »Schuldige« merkte in der Regel nicht, worauf Schäfer hinauswollte, da er noch nicht ahnte, daß ein Vergehen von ihm gemeldet worden war.

Eines Abends ging es um Jörg Seewald, einen ganz angenehmen Menschen. Er war verantwortlich, den Wasserstand des Flusses, der an der Kolonie vorbeifloß, zu regulieren. Jedes Jahr erlebten wir zur Schneeschmelze regelmäßig Überschwemmungen. Dazu sollte Wasser in einen Teich gepumpt werden. Jörg hatte nicht aufgepaßt, und der Teich war übergelaufen.

»Sag mal, Jörg«, fragte Schäfer liebenswürdig, indem er sich auf seinem Thron vorbeugte. »Dir ist ja ein kleines Malheur passiert mit dem Teich. Was ist noch mal genau passiert?«

Jörg war verunsichert. Er wußte, daß es eine Strafe geben würde. Nun würde es von seiner Verteidigung abhängen, wie schwer die Strafe ausfallen würde. »Äh, die Reusen waren verstopft. Ich hab die ganze Zeit versucht, den Schlick mit den Händen rauszuholen, und dabei die Pumpe aus den Augen gelassen« sagte er schwitzend.

»Na ja, aber Jörg, du weißt doch, daß die Pumpe heißlaufen kann und dann kaputtgeht, oder? Und daß vergeudetes Benzin für uns alle teuer wird, oder? Wieso hast du sie so lange aus den Augen gelassen, wenn du das wußtest? Hättest du die Reusen nicht später säubern können? Oder ist es so, daß du schnell fertig werden wolltest? Wohl, um danach noch Zeit für ein Nachmittagsschläfchen zu stibitzen?«

Unheilvolles Gemurmel ertönte von den Bänken. Schäfer lehnte sich zurück.

»Ist es nicht so, Jörg, daß du ganz einfach ein pflichtvergessener Lumpensack bist? Du hast bestimmt gar nicht an den Reusen gearbeitet, sondern in die Luft geguckt, was der Tag so für Schäfchenwolken an dir vorüberziehen läßt! Du hast nicht aufgepaßt! Jetzt ist eine Überschwemmung in den Ställen, der Damm wurde weggespült, schlimmer als bei der großen Flut, und die Eierernte eines ganzen Tages ist zerstört! Wer, glaubst du, wird denn wohl dafür aufkommen?«

Schäfer war immer lauter geworden. Jetzt beugte er sich wieder vor. Er winkte ab und sagte nach rechts gewandt: »Gerhard, unterhalte du dich mal mit dem Herrn. Ich bin müde.«

Gerhard Mücke, sein eifrigster Prediger, der uns unter der Woche oft aus der Bibel vorlas oder predigte, während Schäfer mit anderen Sachen beschäftigt war, stand auf. Er ging zu Jörg, der ebenfalls aufgestanden war. Mit der geballten Faust schlug er ihn so heftig auf die Schläfe, daß Jörg Seewald ohnmächtig zusammenbrach.

Beifälliges Gemurmel schwoll an. Die Sprinter von Schäfer hoben auf dessen Wink den Körper aus den Reihen und trugen ihn nach draußen. Dann wandte sich Schäfer dem nächsten Thema zu.

»So, jetzt können wir zum Lobe des Herrn singen. Die Luft ist wieder rein und klar. Oder hat noch jemand etwas in petto? Helmut, du vielleicht? Ist bei dir alles gut gelaufen?«

Helmut bekam einen roten Kopf und nickte. Zufällig hatte ich aber mitbekommen, als er sich heute mit seinem Chef in der Schlosserei stritt. Aber Schäfer wechselte das Thema. Diesmal ging es gut aus für Helmut.

Am nächsten Tag stand ich in dem Betonwerk und wurde von Onkel Heinrich und Onkel Albert zum Gebet gerufen. In dieser Runde machte ich den Fehler, zu sagen: »… und, lieber Gott, mach, daß Onkel Jörg sich bald besser fühlt. Er hat vor lauter Arbeit nicht gemerkt, daß der Teich überlief, und es war nicht fair, ihn dafür zu schlagen.«

Ich hatte in meinem Gespräch mit Gott allerdings vergessen, daß die beiden Zuhörer, die eigentlich ja nur Zeugen meines Gespräches mit Gott sein sollten, es vor allem darauf abgesehen hatten, sich mit Spitzeleien

Schäfer gegenüber zu profilieren. So geschah es einige Abende später, gegen Ende einer »normalen« Woche und einer »normalen« Sitzung, daß sich Schäfer noch mal auf seinem Thron erhob:

»Eins noch, bevor wir auseinandergehen: Ihr erinnert die Bestrafung von Jörg Seewald vor einigen Tagen? Ich glaube, bis heute sind einige Leute unter uns, die dagegen waren. Kann das sein?«

Ich wurde rot vor Schreck, was man in dem Dämmerlicht glücklicherweise nicht sehen konnte. War ja klar, daß Onkel Heinrich meine Kritik im Gebet gleich an Schäfer weitergeleitet hatte ...

Währenddessen fuhr Schäfer fort: »Aber das ist ja ganz in Ordnung so, jeder soll hier das Recht auf seine eigene Meinung haben. Ihr wißt ja, daß die Finsternis uns so lange nicht auseinanderreißen kann, solange wir uns treulich im Gebet sagen, was wir denken, und einer dem anderen sagt, was in ihm vorgeht. Das ist das wahre Leben vor Gott. Es sollte immer offen und ehrlich zugehen zwischen uns, meint ihr nicht auch? Wenn der Fisch anfängt zu stinken, ist die ganze Ladung versaut ... Also, man kann ja über alles reden, dafür sind diese Abende ja da! Wer will den Anfang machen? Niemand? Keiner, der ein Geständnis machen will?

Nun, das wundert mich. Ich bin mir ganz sicher, daß es einige gibt, die sich jetzt nicht melden. Jesus sagte: Ich sterbe täglich – das ist wie die Taufe, nach dem Sterben kommt das neue Leben ... manche hier sitzen wie Eisklötze unter uns und töten das geistige Leben.« So ging es stundenlang weiter. Er wußte ganz genau, daß nur ich es war, der Kritik geäußert hatte. Aber anstatt gerade darauf zuzugehen, fragte er fast jeden anderen, bis er bei mir angelangt war. Als Zeugen rief er meine Gebetskumpane auf, danach blieb mir nichts anderes übrig, als meine Kritik zuzugeben und zu wiederholen. Diesmal stand Schäfer selber auf, um mir vor der Versammlung für meine Auflehnung eine Ohrfeige zu geben.

So wurde er zum Gott von uns allen, obwohl er der einzig richtige Sünder war. Aber da er die Gesetze bestimmte, blieb er für uns automatisch ohne Schuld.

Goldmine, zwei Tagesreisen südlich der Kolonie, 1977

»Heb die verdammte Leiter an! Wird's bald!« Rudi Collen schrie mich an, obwohl er doch sehen mußte, daß ich die große Holzleiter nicht mehr lange würde halten können. Sie stützte eine Konstruktion, aus der wir jetzt schon seit Tagen Holzrutschen herstellen mußten. Mein Chef, der Schreinermeister, war streng und cholerisch. Gestern hatte er mir wegen einer Lappalie schon eine solche Ohrfeige gegeben, daß mir heute noch der Kiefer schmerzte. »Ich kann die nicht mehr halten!«, rief ich. Den ganzen Tag lang war ich schon müde gewesen, obwohl wir gestern früh ins Bett geschickt worden waren. Georg hatte mir wie jeden Tag meine Tabletten hingelegt und darauf geachtet, daß ich sie auch nahm. Ich überlegte wieder einmal, ob sie der Grund für meine Müdigkeit sein könnten. Nein, eher war es der veränderte Tagesrhythmus. Jeden Morgen standen wir so früh auf und wurden bis zum späten Abend auf Trab gehalten. Schule, Musik, Sport, arbeiten, beten und gestern eine Herrenversammlung, in der Schäfer von der bevorstehenden Fahrt ins Gold gesprochen hatte. Die *Heilsarmee* war vollständig erschienen, zusätzlich die *Alten Herren* und der Sicherheitschef, Erwin Fege, mit seinen Männern.

»Ihr werdet ohne Probleme das Gold ernten, das Gott

diesem Land beschert hat«, predigte Schäfer, nachdem zuerst die Arbeitsaufteilung besprochen wurde.

»In zwei Wochen geht es los. Bis dahin habt ihr noch einiges zu tun. Die Logistik hat wieder unser Erwin übernommen. Seine Leute werden auch die Umgebung schützen. Ihr müßt keine Sorge haben, für alles wird gesorgt sein. Wohlan, nun laßt uns zur Einstimmung dem Herrgott danken und ein Lied anstimmen!«

Wir standen auf. Die ersten Takte der eigens gedichteten »Goldhymne« erklangen:

»Bau auf, bau auf,
Schleppt die Goldmühle heran,
Jugend im Goldrausch voran,
Wir gehen den Weg einer besseren Zeit.
Platz! Die Pumpe in Gang ...«

Und so ging es weiter und weiter. Die Männer hatten leuchtende Augen. Ich eigentlich auch, war ich doch stolz, bei diesem Abenteuer mit dabeizusein. Nur wollten mir die Augen immer zufallen, wie auch jetzt, als wir die Holzrutschen bauten. »Hans, wenn du nicht ordentlich ranklotzt, fährst du nicht mit. So einfach ist das«, schnauzte mich Rudi an. »Reiß dich zusammen, sonst fängst du eine. Geh rein und hilf Huck an der Säge!«

Als mich Georg zwei Stunden später abholte, war ich fix und fertig. Ich hatte tüchtig gearbeitet, aber Onkel Rudi gab mir das Gefühl, nichts von Wert zur Arbeit beizutragen. Das machte mich traurig. Wir gingen zum sogenannten *Salon*, um uns zum Abendbrot umzuziehen. Georg war kein großer Redner. Stumm lief er neben mir den *Annaweg* entlang. Wir erreichten den *Salon,* der nichts weiter als ein Schuppen war, in dem unsere Klamotten gewechselt wurden und wo wir uns in Eisenschüsseln flüchtig waschen konnten, Duschen war ja nur einmal pro Woche erlaubt. Ich haßte den Gestank von dem Schweiß, der im *Salon* in der Luft lag.

Nach dem Essen legte ich mich hin. Georg auch, war er doch als mein Aufpasser gezwungen, sich meinem Rhythmus anzupassen. Er schlief auch sofort wie ein Stein. Meine Müdigkeit sorgte leider nicht dafür, daß ich schlafen konnte. Ich war benommen, aber meine Gedanken kreisten unentwegt um den bevorstehenden Ausflug ins Gold. Wir sollten drei Monate wegbleiben! Noch nie hatte die Kolonie eine Aktion dieser Größe durchgeführt. Das Grundstück lag neun Fahrstunden in südlicher Richtung, alles Essen, Zelte, Geräte und und und mußten mitgebracht werden. Die ersten Trupps waren schon losgefahren, um das Gelände zu sichern. Bestimmt würde es ein tolles Abenteuer werden!

Georg grunzte. Der Zimmerschlüssel, den er um sein Handgelenk gebunden hatte, klirrte leise. Ich mußte ihn immer wecken, wenn ich nachts die Toilette besuchen mußte. Das war schwer, denn er hörte nichts.

Daß unser Zimmer abgeschlossen wurde, hatte ich einem unangemeldeten Besuch vor drei Nächten zu verdanken. Ich wurde gegen Morgen von Geräuschen am Fenster geweckt. Jemand machte sich daran, durch das Fenster ins Zimmer einzusteigen! Es dauerte etwas, bis ich klar im Kopf war und erkannte, um wen es sich handelte: Rittlings auf dem Fensterbrett saß Klaus, ein älterer Arbeiter, und fing an, sich zwischen den Beinen zu reiben. Ich kniff die Augen zusammen. Klaus sah mich mit einem idiotischen Lächeln an und schwang seine Beine ins Zimmer.

»Laß mich auch mal, Hans«, sagte er leise. Ein schneller Blick zu Georg überzeugte mich, daß von ihm keine Hilfe zu erwarten war. Ein weiterer Blick zu Klaus überzeugte mich ebenso, daß er der Situation nicht gewachsen war. Er hatte einen bettelnden Ausdruck im Gesicht, ganz anders als Schäfer, wenn er sich mir näherte.

Plötzlich hatte ich keine Angst mehr. Mir war sonnenklar, was er wollte. Er wollte etwas, das exklusiv Schäfers Recht war. Er wollte mich.

Ich machte eine Geste zum Fenster und flüsterte: »Geh oder ich wecke Georg!«

Klaus schien erst jetzt den Schlafenden zu bemerken. Er wußte nicht, was er tun sollte, und war zwischen Angst und Lust gefangen. Das kannte ich auch. Jetzt war ich endlich mal Herr der Lage.

»Raus«, zischte ich. Ich wollte nicht, daß Georg aufwachte, denn Klaus hatte mir immer geholfen, seit ich ein kleines Kind war. Er hat viele Streitereien zu meinen Gunsten geschlichtet und immer für mich Partei ergriffen. Jetzt wußte ich auch, warum. Aber in der Sekunde meines Gedankens war Klaus bereits wieder aus dem Fenster gestiegen und fort, sicher am meisten über seinen »Überfall« erschrocken. Keiner von uns beiden hat diesen Vorfall jemals wieder erwähnt. Am Morgen aber bat ich Georg, Tür und Fenster nachts abzuschließen.

Das hatte ich nun davon. Jedesmal, wenn ich nachts

zur Toilette mußte, hatte ich die undankbare Aufgabe, Georg zu wecken. Diese Nacht verlief allerdings ohne weitere Zwischenfälle.

Die nächsten Tage war ich damit beschäftigt, die Holzrutschen zu streichen. Dann war es endlich soweit. Abends rief uns der *Herren-Pito* zur Versammlung: Alle, die zum Gold führen, fanden sich ein. Schäfer saß wie immer auf seinem Thron am Ende des *Zippelsaales*, neben sich einen Gong. Er war bester Laune. »Morgen früh geht's los, Männer. Wir werden eine schwere Zeit vor uns haben, aber alle Vorbereitungen haben geklappt, also wird auch vor Ort nichts schiefgehen. Ich erwarte vollen Einsatz von jedem von euch! Laßt euch nicht vom Glanz des Goldes blenden, es ist für uns alle. Wenn jemand beim Klauen erwischt wird, muß die ganze Gruppe mitbüßen. Ihr wißt ja: Ist auch nur eine faule Tomate im Sack, fängt die ganze Ladung an zu schimmeln. Wollen wir also gemeinsam dafür sorgen, daß erst gar kein schlechtes Element zwischen uns ist.

Ich habe gehört, daß ihr heute alle besonders für eine erfolgreiche Exkursion gebetet habt. Laßt uns nun anstimmen und Gott loben. Chor, in Formation!«

Wir sangen, bis wir heiser wurden. Die Lieder peitschten uns auf. Viel Gold wollten wir der Scholle entreißen, um es für gottgefügige Menschen einzusetzen! Einrichtungen bauen, die den Bedürftigen der Umgebung halfen! War ich selber nicht der lebende Beweis für die Gnade der Kolonie? Ich war ein Teil davon – dieser Gedanke erfüllte mich mit Stolz. Und zwar der jüngste Teil – das empfand ich auch als eine besondere Auszeichnung. Schäfer blickte ein paarmal zu mir herüber.

Ich war stolz und hoffte, daß die anderen dies gebührend zur Kenntnis nahmen.

Am nächsten Morgen standen wir alle um fünf auf. Vor der *Zippelgarage* standen zwei große Reisebusse für uns bereit. Wir waren die letzten, die aufbrachen. Dunkel lagen die Häuser da. Im Bus entdeckte ich, daß die Fenster mit Plastikplanen zugeklebt waren. Wir sollten also den Weg zum Gold nicht erkennen.

Nun gut, ich schlief sowieso gleich ein. Die Pillen, die Georg mir nach dem Aufstehen gegeben hatte, zeigten ihre Wirkung. Nach einer langen Fahrt kamen wir an einen Kontrollpunkt, der vom Sicherheitschef der Kolonie gesetzt worden war. Erwin Fege stand am Straßenrand, grüßte kurz in den Bus und ließ uns passieren. Jetzt befanden wir uns also bereits auf dem Gelände der Goldmine. Diese gehörte einem Freund und Gönner der Kolonie. Es sickerte durch, daß wir die Goldmine ausbeuten durften, und je nachdem, wieviel wir fänden, würde Schäfer Pacht zu bezahlen haben. Daher haben wir immer, wenn die Frau des Besitzers in den folgenden Monaten kam, um nach der Produktion zu sehen, Abraum in die Förderbänder gekippt, um ihr vorzugaukeln, daß wir wieder nichts gefunden hatten. Wir – besonders Schäfer – freuten uns dann diebisch, wenn die *Gewitterhexe,* wie er sie nannte, wieder abzog, ohne viel Gold entdeckt zu haben.

Der Bus hielt. »Alle Mann raus!«, rief der Fahrer. Wir nahmen unsere Rucksäcke und stiegen aus. Wir befanden uns an einem steilen Flußufer. Der Fluß hatte sich tief in den Felsen gegraben und beschrieb eine S-Kurve. Rechts ging es in die Felsen, links war ein ebener Platz, auf dem die Versorgungszelte aufgebaut werden sollten. Ein paar Minuten entfernt sollten unsere Schlafzelte stehen. Um uns herum waren nur Felsen, Tannen und das Geräusch des Wassers. Ab und zu segelte ein Adler vorbei.

Die Landschaft war grandios, aber ich hatte keine Zeit, sie in mich aufzunehmen. Von der ersten Minute an hatte ich zu arbeiten. Alle Zelte mußten aufgebaut werden, die Waschanlagen mit den großen Sieben ans Flußufer getragen werden, die Lastwagen abgeladen und die Vorräte für uns alle zu den Versorgungszelten getragen werden. Am ersten Abend hatte Schäfer, der ein eigenes Wohnmobil bewohnte, das weit von den anderen Zelten entfernt parkte, für uns ein Grillfest am Lagerfeuer organisieren lassen. Wir saßen um große Feuer herum, grillten Kartoffeln und sangen Wanderlieder.

Selbst Georg neben mir strahlte. Das Feuer malte groteske Schatten an die Felswand, und die Wärme unterstützte meine Müdigkeit. Immer, wenn Georg mir wortlos die fünf Tabletten reichte, wurde ich kurz nach der Einnahme müde. Mehr und mehr war ich überzeugt, daß ein Zusammenhang bestehen müßte.

Zeit, länger darüber nachzudenken, hatte ich allerdings nicht. Durch die Arbeit und die frische Luft schlief ich wie Georg – tief, traumlos und fest.

Am vierten Tag war es endlich soweit: Ich bekam meine erste Aufgabe im Gold. Die Mannschaft war damit beschäftigt, den Fluß an der S-Kurve umzuleiten, da an der Stirnseite angeschwemmtes Gold in verschiedenen Tiefen vermutet wurde. Um dort graben zu können, mußte das Flußbett trockengelegt werden. Das Umleiten des Flusses und die Vorbereitungen, um an der Stelle des jetzt trockenen Flußbettes das Gold aus dem Boden zu holen, beschäftigte uns mehrere Tage, an denen ich nur mit der Schubkarre Erde wegschaffte, bis ich nicht mehr stehen konnte.

Dann begannen die Bagger, das Flußufer abzutragen. Dieses Geröll wurde dann zu den Förderbändern gebracht und mit Wasser über die Rutschen zu den Sieben geleitet. Beim Baggern ging viel Geröll daneben, das in die Ritzen des felsigen Grundes fiel. Weil ich mit zehn Jahren der Kleinste war, bestand nun meine Aufgabe darin, in die Ritzen und Spalten zu kriechen und mit einem Schlauch die Erde herauszuspritzen, um sie dann zu den Rutschen zu tragen.

Die Arbeit war schmutzig, anstrengend und kalt. Obwohl es die Trockenzeit war und der Fluß wenig Wasser führte, fror ich den ganzen Tag. Gegen Mittag tauchte Schäfer am tiefer werdenden Loch auf, um nach dem Rechten zu sehen. Er stand auch hier meist erst gegen zwölf Uhr auf.

Nach einigen Tagen waren plötzlich zwei seiner Sprinter im Lager, die an seinem Wohnwagen eine transportable Dusche anbrachten. Ich war zu erledigt, um aufgeregt zu sein, als mich Schäfer danach abends aus dem Zelt zu sich holen ließ. Selbst hier in der Einöde lief unser Zusammensein exakt ab wie bisher – nur das Duschwasser war eiskalt. Ich antwortete auf seine üblichen Verdächtigungen und Aushorchungsversuche nur noch lahm mit »ja« und »nein«. Irgendwann aber raffte ich mich auf:

»*Tio,* wie kannst du das nur von mir glauben. Ich bin

gar nicht in der Lage, mit anderen Heimlichkeiten zu haben. Ich arbeite den ganzen Tag!«

»Ach, papperlapapp. Jungen wie du finden immer eine Möglichkeit, Böses zu tun.« Schäfer war gereizt. Er hatte mit mir einen passiven Waschlappen im Bett, und zudem hatten wir noch kein Gold gefunden.

»Du bist nur so müde, weil du den ganzen Tag lang Verbotenes tust, gib es endlich zu. Von Arbeiten kann bei dir doch keine Rede sein!«

»Nein, *Tio,* du mußt mir glauben. Außerdem kommt meine Müdigkeit von den Tabletten, da bin ich mir ganz sicher. Warum muß ich die nehmen?«

»Du hast den Teufel im Leib, wie oft soll ich dir das denn noch sagen? Der muß damit in Schach gehalten werden, sonst kommst du ins ewige Fegefeuer.«

»Aber die Tabletten helfen mir hier nicht. Ich muß doch mithelfen, für die Gruppe, ich muß doch mitarbeiten, und das kann ich so nicht!«

»Keine Diskussion. Steh auf und sag Georg, er soll dich jetzt zurückbringen. Bis morgen«, erwiderte Schäfer kühl. Das verunsicherte mich. Keine Schreierei wegen meiner Widerworte? Das paßte gar nicht zu ihm. Verwirrt schlief ich ein – immerhin in meiner eigenen Koje.

So gingen Tage und Wochen dahin. Eines Tages hatte der Bagger endlich eine zwei Meter dicke Schicht freigelegt, die aussah wie grüner Matsch. In diesem Matsch befanden sich Nuggets, die wir durch das Auswaschen ernten konnten.

Schon lange hatte Schäfer mit Erwin Fege daran getüftelt, wie man es verhindern konnte, daß sich einzelne von uns Gold in die eigene Tasche stecken konnten. Jeder mußte jetzt abends vorzeigen, was er gefunden hatte und im Hauptzelt abliefern. Ich hatte aber mein erstes selbstgefundenes Gold sofort eingesteckt. Ich war so stolz und aufgeregt! Damit würde ich später in der Kolonie den anderen Kindern beweisen können, wie erfolgreich ich hier gearbeitet hatte. Vielleicht würde Tante Johanna auch stolz auf mich sein! Leider hatte ich im Überschwang meines Fundes vergessen, abends ein bißchen Gold in der Dose zu lassen, um mich nicht verdächtig zu machen. Als ich als einziger nichts abgab, witterte Schäfer sofort den Betrug.

Es dauerte keine dreißig Minuten, bis ich in das Zelt gerufen wurde, in dem Schäfer arbeitete. Neben ihm saßen seine beiden Sprinter, Hans Peter und Günter Schafrik.

»Hans, wieso hast du kein Gold abgegeben?«, eröffnete Schäfer die Unterredung. Mir schoß das Blut ins Gesicht. Die kleinen Goldklumpen in meiner Hosentasche schienen mir plötzlich tonnenschwer. Ich wußte, daß Lügen nichts bringen würde. Irgend jemand mußte mich beobachtet und verraten haben. Noch wußte ich nicht, daß unsere Arbeit auch hier von versteckten Kameras beobachtet wurde.

»Was meinst du damit, *Tio*? Was soll ich denn getan haben? Heute ist der erste Tag, an dem ich Gold gefunden habe! Hier!« Ich griff in die Tasche und präsentierte es ihm.

»Hans, warum hast du das Gold nicht abgegeben, wie es allen befohlen wurde?«, fragte Schäfer beiläufig, während er das Gold entgegennahm. Ein schneller Blick zu

Hans Peter, ein unmerkliches Nicken als Bestätigung, als Schäfer sich von mir die kleinen Nuggets reichen ließ.

»Ich wollte erst mehr zusammenhaben«, nahm ich meinen ganzen Mut zusammen. »Ich dachte, bei so wenig Gold lohnt es sich noch nicht.«

Schäfer blickte zur Seite. »Jungs, wenn ihr bitte weitermachen wollt«, sagte er und wuchtete sich aus seinem Stuhl hoch. Als er an mir vorbeiging, nahm er mein Kinn mit zwei Fingern und bog meinen Kopf nach hinten. »Schade, Hans. Das hätte ich nicht von dir gedacht«, und ging hinaus.

Hans Peter und Günter, beides blonde Hünen, sicher doppelt so alt wie ich, drehten mir den Arm auf den Rücken und hielten mir den Mund zu. Zu zweit zogen sie mich aus dem Zelt zu den Trucks, die nebenan parkten. Günther machte die Ladefläche auf, und gemeinsam zogen sie mich hinauf. Ich wehrte mich nicht. Im Truck machten sie, immer noch ohne zu sprechen, das Radio an. Dann fingen sie an, auf mich einzuschlagen.

»Du dreckiges Schwein«, zischte Hans Peter, während er meine Hände auf den Rücken bog, damit Günter mir Ohrfeigen ins ungeschützte Gesicht gab.

»Wie komm du dazu, die Gruppe zu betrügen«, rief Günter und ballte die Faust, als er zuschlug. »Dieb!«

Sie wurden immer lauter und spuckten mich an. Längst war ich am Boden zusammengerollt und spürte ihre Tritte kaum noch. Dann nahm einer von ihnen – oder beide – einen Stock oder Knüppel und schlug mir so auf den Rücken, daß ich keine Luft mehr bekam. Das feuerte sie noch mehr an. Sie ließen ihren ganzen Haß an mir aus, war ich doch als der jüngste Sprinter bei Schäfer in einer besonderen Position. Je häufiger Schäfer sich für mich als Begleiter entschied, desto weniger waren Hans Peter oder Günter dran. Das bedeutete ein Minus an Privilegien für sie, und dafür rächten sie sich jetzt.

Ich weiß nicht, wann oder warum sie aufhörten. Irgendwann trugen sie mich ins Zelt und warfen mich auf die Pritsche. Keiner kümmerte sich um mich. Ich lag die ganze Nacht da, blutete und stöhnte. Mein Körper war lila und blau, meine Augen konnte ich nicht öffnen. Trotzdem bekam ich von Georg, der lediglich fragte, ob ich mir was gebrochen hätte, und mir mitteilte, daß ich die nächsten zwei Tage zur Strafe für meinen Diebstahl nichts zu essen bekommen würde, meine Tabletten, mußte aufstehen und zur Arbeit gehen.

Ich weiß nicht, wie ich diese Tage überstand. Ich war am Ende. Ich konnte kaum stehen, und jede Bewegung tat mir weh. Keiner sprach ein Wort mit mir. Ich war zu erledigt, um aufzubegehren. Ich hatte Hunger und gleichzeitig war mir schlecht. Dauernd wurde ich angebrüllt, ich solle schneller die Erde zu den Holzrutschen tragen. Wenn ich den Eimer oder die Schubkarre fallen ließ, wurde ich geohrfeigt. Ich war zu müde zum Weinen. Zu allem Übel holte mich Hans Peter am Abend zu Schäfer.

Als sei nichts gewesen, bot er mir eine »Dusche« an. Er wußte um die Verführung, war die Alternative doch die Isolation von der Gruppe. Hier hatte ich wenigstens jemanden, der vorgab, nur in meinem Sinne so handeln zu müssen und mich eigentlich von Herzen zu lieben.

»Nicht wahr, Hans, das wirst du mögen nach der Arbeit? Komm, zieh dich aus, deine Kleider sind ja ganz schmutzig. Ich werde dafür sorgen, daß du neue bekommst.«

Jede Berührung meines Körpers schmerzte, außer dort, wo Schäfer jetzt wieder hinlangte. Ich war aber zu erledigt, um inmitten der Schmerzen etwas anderes fühlen zu können.

In dieser Nacht durfte ich bei ihm schlafen, etwas essen, und auch den nächsten Tag verbrachte ich mit ihm.

»Du siehst doch ein, Hans, daß ich so streng sein mußte zu deinen Gunsten? Jetzt hast du gelernt, daß man die Gemeinschaft nicht betrügen darf! Nie wirst du mir mehr Schande machen, richtig?«, fragte er mich lächelnd.

»Nein, *Tio,* ich … ich will arbeiten … aber die Tabletten … die machen alles schlimmer.«

»Hans, ich werde dir beweisen, daß das nicht stimmt. Wenn wir wieder zu Hause sind, gehen wir ins Krankenhaus. Dort wird man das klären.«

So wurde ich wieder zur Arbeit geschickt, und die Wochen gingen ins Land. Inzwischen war das Loch am Flußufer fast 20 Meter tief. Unten war wieder eine Goldader entdeckt worden, an der ich jetzt mit einer Goldharke stand und herumkratzte. Von oben tropfte Wasser durch das poröse Gestein. Die ungesicherte Kieswand, die über mir aufragte, machte mir Angst. Was, wenn sie zusammenkrachte? Vor ein paar Tagen war ich gerade noch mal davongekommen, als eine vier Meter hohe Abbruchkante, auf der ich stand, zusammenbrach. Außer einer kleinen Prellung hatte ich nichts abbekommen.

Da hatte es Andreas Schmidtke schon schlimmer erwischt. Er bekam auch Tabletten, wie ich, und reagierte genauso wie ich langsamer als andere. Als ein Bagger unvorhergesehen ausschwenkte, bemerkte Andreas dies erst zu spät aus den Augenwinkeln und wurde von dem Kontergewicht des Baggers am Rücken getroffen. Er lag wie tot auf dem Boden, zum Glück hatte ein anderer Erfahrung und erlaubte keinem, Andreas' Position zu ändern. Er hatte eine schwere Rückgratverletzung und wurde schließlich mit einem Hubschrauber in die *Clinica Alemana* nach Santiago geflogen.

Leider hatte dieser Unfall keine Folgen für meinen Tablettenkonsum. Doch mittlerweile hatte ich einen Trick gefunden, die Dinger beim Schlucken in meinem Mundwinkel zu verstecken und sie später auszuspucken.

Leider wurde ich dabei einmal von Georg beobachtet. »Bist du wahnsinnig? Weißt du denn nicht, wieviel diese Tabletten kosten? Du hast wohl gar keine Achtung vor dem Wert! Das werde ich jetzt in dich hineinprügeln! Du schädigst damit doch uns alle!« Er gab mir eine Reihe von Ohrfeigen, von denen mein Kiefer wieder ganz schief wurde, und ging wortlos dazu über, die Tabletten künftig kleinzumahlen und in Wasser oder Saft aufzulösen, die er mir zu trinken gab.

Nach drei Monaten fuhren wir wieder zur Kolonie zurück. Oft hatte ich nach der schweren Arbeit bei Schäfer übernachten müssen. Meine anfängliche Freude über die so erlange Sauberkeit machte bald einem verzweifelten Gefühl Platz, für das ich keinen rechten Namen wußte. Es war nicht Haß, aber auch; nicht Ekel, aber auch; nicht väterliche Liebe, aber auch, dazu Respekt,

Angst, Lust und Wut. Ich hatte keine Chance, etwas gegen diese Situation zu unternehmen. Schäfer bediente sich meiner oft bis zu dreimal die Woche, was seine anderen Sprinter gegen mich aufbrachte. Zudem war ich ja der jüngste von nur zehn chilenischen Bewohnern der Kolonie. Das machte mich zu einem doppelten Außenseiter. Dazu führten alle meine Versuche, Schäfer zu überzeugen, daß die Tabletten meine gesundheitliche Lage verschlimmerten anstatt zu verbessern, ins Leere.

Krankenhaus der Kolonie, August 1977

Am ersten Tag unserer Rückkehr in die Kolonie rief Schäfer mich zu sich. Ich war trotz der dreimonatigen Hungerszeit – wir hatten nie genug zu essen bekommen – gewachsen und machte einen kräftigen Eindruck. Trotzdem konnte ich mich kaum auf den Beinen halten. Ich war nicht nur müde, sondern vollkommen kraftlos. Schäfer stand schon unter seinem PKW-Schattendach, wie wir es heimlich nannten, vor seinem Mercedes, als ich eintraf.

»Komm Hans, fix, fix! Wir wollen jetzt zum Krankenhaus fahren, um dir zu beweisen, daß deine Hirngespinste grundlos sind! Steig ein!«

Im Auto sprach er pausenlos davon, wie gern er seine wertvolle Zeit für mich opferte, um zu beweisen, daß die Tabletten nichts mit meiner Schwäche zu tun hätten, sondern nur Faulheit und Widerspenstigkeit darin steckten. Widerspenstigkeit war in seinen Augen gleichbedeutend mit Schuld, und Schuld bedeutete Krankheit. Wie praktisch, daß Schäfer nach seiner Diagnose mich gleich in sein eigenes Krankenhaus einliefern konnte und die Kur für mich festlegte.

»Mein lieber Hans, du bist eben ein Querulant. Du hast schlechtes Blut, das war schon immer so!«

Ich hatte das schon zu oft gehört.

»Nein, *Tio*! Ich habe kein schlechtes Blut! Oder kennst

du etwa meine Eltern? Weißt du, wer mein richtiger Vater und meine echte Mutter sind?«, fragte ich leise, ohne nachzudenken.

Die letzten Sätze hatte ich bisher immer nur gedacht, nie ausgesprochen.

Schäfer bremste abrupt und nahm seine Hand von meinem Oberschenkel.

»Was soll denn das nun wieder? Was heißt: deine richtigen Eltern? Du bist ein Waisenknabe, kein Mensch weiß, wer deine Eltern sind! Du bist gefunden worden! Deine Eltern sind sicher tot!« Er wurde immer lauter: »Tot! Tot, verstehst du?«

Inzwischen setzte er den Wagen wieder in Bewegung, und bald waren wir vor dem Krankenhaus angekommen, wo schon Doktor Gisela Seewald und Schwester Maria Strebe auf uns warteten. Tante Maria sah man selten; sie war, wie ich später erfuhr, die Ehefrau Schäfers. In seinem Privatleben tauchte sie aber kaum auf. Der andere Leiter des Krankenhauses, Doktor Hartmut Hopp Miottel, war nicht dabei.

»Was fehlt ihm?«

»Tag, Gisela, Maria. Er behauptet, die Tabletten seien schuld an seiner Müdigkeit und Faulheit«, murmelte Schäfer. Er stieg kaum aus dem Wagen aus.

»So, nun geh mit Tante Maria und sei brav. Ich höre von dir«, rief er und wendete den Wagen.

Tante Maria legte ihren Arm um mich. Sie drehte sich um, als Schäfer ihr aus dem Autofenster noch hinterherrief: »Maria, wie besprochen, nicht?« und nickte.

Dann gingen wir ins Krankenhaus hinein. Es war kein öffentlicher Besuchstag, der Gang war vollkommen ruhig. Wir gingen in ein Zimmer, in dem ein einzelnes Bett stand. »Leg dich hin. Wir werden dein Blut untersuchen. Dann wissen wir, was dir fehlt.«

»Tante Maria, die Tabletten machen mich müde«, sagte ich und fing an zu weinen. Ich hatte jeden Stolz verloren.

»Papperlapapp, das kann gar nicht sein. Die sind für deine geschwollenen Knie. Die machen nicht müde.« Das wunderte mich nun ein wenig. Ich dachte, die Tabletten seien gegen meine Mangelernährung aus Kindertagen? Schwester Maria zog eine Spritze auf und desinfizierte meinen linken Arm.

»So, Hans, ein kleiner Piks und schon wirst du dich wieder beruhigen.« Ich schlief beinahe sofort ein.

Nach offenbar einigen Stunden kam Doktor Seewald und rüttelte mich wach. Sofort fiel mir auf, daß ich in einem ganz anderen Zimmer lag, mit Fenstergittern und doppelter Tür.

»Hans, die Untersuchungen haben ergeben, daß du keinerlei Wirkstoffe aus den Tabletten im Blut hast! Kannst du mir das erklären?«

Ich stotterte: »Nein, Tante Gisela, ich habe immer meine …«

»Hans, keine Diskussion!« Sie rauschte aus dem Zimmer. Nach einer halben Stunde erschien sie wieder mit Doktor Hopp, dem Leiter der Klinik, und einem grimmig dreinblickenden Georg an meinem Bett.

»Hans!«, rief Doktor Seewald, »wie hast du es geschafft, deine Tabletten nicht zu nehmen? Georg sagt, er hat sie dir immer zugeteilt!«

Ich steckte in der Klemme. Tatsächlich hatte Georg in den letzten Monaten im Gold die Tabletteneinnahme nicht mehr so streng kontrolliert wie vorher. Er hat immer morgens den Tagesbedarf gemahlen und mir hingestellt, aber mittags und abends nicht mehr darauf geachtet, ob ich das Pulver auch einnahm. Nur manchmal fragte er bei den Mahlzeiten: »Saft?« Das bedeutete: »Hast du deine Tabletten mit Saft genommen?« Ich nickte, obwohl ich das Pulver immer in den Ausguß warf.

Nun war es heraus.

»Georg«, fragte Doktor Hopp, »wie kann es denn angehen, daß der Kleine seine Medizin nicht einnimmt?« Georg zuckte die Schultern und blitzte mich böse an.

»Weiß auch nicht. Hab's ihm immer vorbereitet, und er hat's auch immer genommen.«

»Hans! Was sagst du dazu?«

Drei Augenpaare funkelten mich an. Ich guckte auf meine Hände und erwiderte:

»Aber Tante Gisela, hier ist doch meine Tablettenschachtel! Und die ist leer! Das heißt doch, daß ich alle genommen habe!« Klatsch, hatte ich eine Ohrfeige von ihr bekommen.

»Es ist ja wohl klar, daß ich jetzt Meldung erstatte – gegen euch beide!«, zischte sie und verschwand mit Doktor Hopp aus dem Zimmer. Georg stand in der Tür und blickte voller Haß auf mich herab:

»Wenn ich deinetwegen Schwierigkeiten bekomme, kannst du dich auf was gefaßt machen«, drohte er und verschwand ebenfalls.

Ein paar Stunden später wurde ich aufgefordert, zu Schäfer zu kommen. Ich machte mich auf den Weg, um rechtzeitig in der *Alten Küche* zu sein. Auf dem Weg durch das Dorf begegnete ich keinem Menschen. Am liebsten wäre ich querfeldein gelaufen. Im Haus erwartete mich Schäfer schon, diesmal in Begleitung von Gerd Mücke und Kurt Schnellenkamp. Kein Sprinter weit und breit, das war ungewöhnlich. Alle drei machten ernste Gesichter. Drei *Herren*! Es mußte einen gewichtigen Grund dafür geben.

»Hans, kommen wir gleich zur Sache. Wieso hast du deine Medizin nicht genommen?«, fragte Schäfer. Meine Widersprüche wurden schwächer. Alle drei wechselten sich beim Verhör ab. Ich konnte am Ende nicht erklären, wieso die Tablettenschachtel leer war, in meinem Blut aber keine Wirkstoffe nachgewiesen werden konnten.

Während ich noch sprach, wurde ich schon von einem zum anderen geschubst. Die Schubserei wurde zu Knüffen, zu Schlägen, die Fragen zu Geschrei. Wieder geschah es, daß jeder vor Schäfer beweisen wollte, daß er der Strengste war. Das Ergebnis war eine Raserei, in deren Mittelpunkt die drei erwachsenen Männer mich boxten, traten und bespuckten, bis ich wimmernd am Boden lag. Ich war zehn Jahre alt.

Die letzten Worte von Schäfer, die ich verstand, waren: »... und ich sorge dafür, das du die nächsten Wochen nicht die Kraft hast, Dein Zimmer zu verlassen!« Ich wurde bewußtlos. Als ich wieder zu mir kam, lag ich im Krankenhausbett in dem Zimmer, das ich schon kannte. Ich konnte nicht sprechen, aber benommen war ich nicht mehr durch die Schläge. Benommen war ich durch das, was Doktor Seewald, die im Zimmer aufgetaucht war, aus einer Spritze in meinen Arm injizierte.

In den folgenden 14 Tagen kam ich nicht wieder aus

der Betäubung und dem Nebel, in dem ich nach der ersten Spritze versank, heraus.

Es war mittlerweile Herbst 1977, und ich lernte die unangenehmen Seiten der Kolonie stärker kennen als jemals zuvor. Die Stimmung von Schäfer und der Führungsriege war seit Monaten schlecht, die Predigten bei den Gemeindeversammlungen am Wochenende dauerten oft bis zu vier Stunden. Schäfers Haß und Paranoia gegen die Außenwelt verstärkte sich von Woche zu Woche. Ich erfuhr erst später, daß die Kolonie sich in diesem Jahr gegen negative Presseberichte in Deutschland und gegen *Amnesty international* zur Wehr setzte. Für mich bedeutete die schlechte Stimmung, daß der Druck der Chefetage an Menschen wie mir ausgelassen wurde. Das Krankenhaus hatte ich im August noch schwächer verlassen, als ich es betreten hatte. Ich war fast zwei Wochen permanent unter Drogen gesetzt worden, um mir »Ruhe und Erholung zu bieten«, wie Doktor Hopp zum Abschied meinte.

Direkt im Anschluß bekam ich auch noch gleich eine Woche Stubenarrest, was mir aber paßte, da ich zu schwach war, um irgendeine Arbeit zu verrichten, außer für Schäfer aufzuschreiben, was ich falsch gemacht hatte. Dort hatte ich Zeit zum Nachdenken, wieso an meiner Bestrafung, an der zum ersten Male nur *Herren* beteiligt waren, keine Sprinter die Drecksarbeit übernommen hatten. Ich glaube, weil Schäfer nicht bekannt werden lassen wollte, daß Zehnjährige mit Drogen vollgepumpt und ruhiggestellt wurden. Das erfuhren nur die engsten Vertrauten.

Ich sollte mich in Zukunft daran gewöhnen, daß immer, wenn ich besonders widerspenstig war, ein mehrwöchiger Aufenthalt im Krankenhaus die Folge war. Während dieser Einweisungen wurde ich immer schwächer und dadurch sehr dankbar für die jeweils nachfolgende »liebevolle« Aufnahme in die Gemeinschaft, ja fügsam, sogar gehorsam. Schäfer hätte sein Ziel fast erreicht: Ich war durch die maximale Erschöpfung zu allem bereit, was sie von mir wollten. Ohrfeigen, so hatte ich jetzt gelernt, waren gar nichts. Fürchten mußte ich mich vor der Frau in Weiß.

Nach einigen Wochen, in denen ich in der Schlosserei aushalf und fässerweise Schrauben sortieren mußte, ging es wieder ins Gold. Warum Schäfer mich trotz des Diebstahls wieder dabeihaben wollte, wurde mir in der ersten Nacht klar, obwohl er immer seltener beim Gold auftauchte.

»Nicht wahr, Hans, das hat dir gefehlt?«, fragte er, nachdem er mich zum Erguß gebracht hatte. »Das ist Liebe, Hans, reine Liebe. Wenn du voller Liebe wärst, so wie ich, würdest du dich auch nicht so schlecht benehmen, und wir könnten die besten Freunde sein. Ich will dir all meine Liebe schenken! Willst du denn dafür in Zukunft brav sein?«

Mit Blick auf die Zeit, die ich hinter mir hatte, war mein »Jaaa!«, das aus tiefstem Herzen kam, nicht einmal gelogen. Je gefügiger ich mich verhielt, desto besser kam ich dabei weg. Diese Lektion hatte ich gelernt.

Außerdem gefiel mir die Arbeit inzwischen. Ich hatte das Gefühl, daß uns Arbeiter das Goldschürfen etwas näher zusammenschweißte. Nach wie vor hatte ich in der *Heilsarmee* keinen besonders guten Stand. Freunde, denen ich mich anvertrauen konnte, gab es nicht. Nur zu den täglichen Gebeten, die wir wie immer in Dreiergruppen laut zu absolvieren hatten, fand ich in José Schmidt oder Arnold Blanck Menschen von ähnlicher Gesinnung, die wie ich die Gebete eher herunterhaspelten und keine Verfehlungen an Schäfer weitergaben. Das stellte für mich schon einen absoluten Vertrauensbeweis dar und machte mich glücklich.

Wenn dann die Abende am Lagerfeuer ausklangen, verfehlte die gesteuerte Gruppenromantik ihre Wirkung auf mich nicht: Mit Tränen des Glücks in den Augen sangen wir vom Frühtau zu Berge bis zum Mond, der aufging, und kamen uns sehr verschworen und tapfer vor.

Insgesamt fuhr ich siebenmal mit zum Goldschürfen, jeweils für einige Monate, bis Schäfer schließlich das ganze Projekt aufgab. Der Ertrag war wohl nicht so hoch, wie er es sich erhofft hatte, und die lange Abwesenheit von der Kolonie war wohl nicht angebracht. In diesen Tagen mußten wir oft Lieder wie dieses singen:

»Bei Tag und bei Nacht
In der Grube geschafft,
Vieler Hände, Bagger und Laster Kraft,
Doch langsam nur
Geht die Arbeit fort,
Denn Gefahren umgeben den Ort.
Und als erreicht war der feste Grund,
Wuchs Enttäuschung in uns
Von Stund zu Stund.

Zwanzig Meter tief die Grube,
ständig droht die steile Wand,
jeder die Gefahr erkannt,
doch geführt von sich'rer Hand ...«

Ein »positiver« Nebeneffekt der ganzen Plackerei war, daß ich mit elf Jahren nicht mehr die Schule besuchen mußte. Nur selten, wenn Besucher aus Deutschland oder Angehörige der deutschen Botschaft aus Santiago, mit denen Schäfer gut »konnte«, wie er prahlte, kamen, wurden wir in einen Raum geführt, wo wir eine Schulklasse spielten und den Gast mit Gesängen und Schuhplattler erfreuen mußten. Diese Folklore war Schäfer sehr wichtig.

Anstelle des Unterrichts waren für mich noch mehr Sport und noch mehr Musik getreten. Ich mußte jeden Abend nach der Arbeit zum Karateunterricht und zur Gymnastik. Danach kamen die Stunden im Chor und im Orchester dran, bis wir meist gegen ein Uhr nachts aufhörten.

Zusätzlich versuchte man monatelang, mir Geigenunterricht zu geben. Mit diesem Instrument kam ich aber nicht zurecht, egal, wie sehr ich mich auch anstrengte. In den Übungsheften, die wir für jeden Unterricht führen mußten, reihte sich Eintrag hinter Eintrag, alle vorschriftsmäßig von einem Zeugen der Übungen gegengezeichnet. Aber all das Üben half nichts. Immer wenn ich wieder aufgeben mußte, meldete Georg mein Verhalten als Gehorsamsverweigerung. Zur Belohnung durfte er mich dann bei den Versammlungen vor der Gruppe für jedes Vergehen einzeln ohrfeigen. Inzwischen hatte ich durch die dauernden Ohrfeigen schon eine Kieferdeformation. Die Bänder, die den Unterkiefer hielten, leierten aus. Auch erlitt ich einen Trommelfellriß und wurde zweimal von den Schlägen ohnmächtig.

Viele bemerkten, daß ich besonders streng rangenommen wurde, aber keiner traute sich, für mich Partei zu ergreifen in der Angst, dann selber Zielscheibe für Bestrafungen zu werden oder die Nähe Schäfers zu verlieren. Oder noch einfacher: Alle definierten sich als zu Schäfer gehörig. Keiner zu mir.

Immer öfter mußte ich jetzt zum »Boxen« antreten. Wenn Schäfer zu viele Verfehlungen im Alltag gemeldet wurden, ließ er gern die Sünder gegen seine besten Kampfsportler zum »Boxen« antreten. Dazu wurde bei den Versammlungen im *Zippelsaal* die große Bühne erleuchtet, und Schäfer auf seinem Thron, neben sich den Gong, verfügte:

»Hans, du hat meine Geduld jetzt eins ums andere Mal überstrapaziert. Ich habe diese Woche acht Beschwerden über dich gehört. Mit Onkel Karl kommst du gar nicht aus, wieso nur?«

Ich stand auf. »*Pius,* Onkel Karl ist sehr streng zu mir. Immer nur Schrauben sortieren …« – »Zu Recht, Hans, zu Recht. Ich habe ihm extra gesagt, daß er dich hart rannehmen soll. Wenn *er* dir deine Flausen nicht austreiben kann, wer dann?«

Theatralisch guckte er in die Runde, beifälliges Gemurmel begleitete seine pantomimischen Bemühungen.

»Ich glaube, du mußt mal an deine Grenzen gebracht werden. Komm vor in den Ring, Hans. Jetzt kannst du dich beim Boxen gegen Mackes austoben.«

Mackes, ein muskulöser und humorloser Junggeselle, war Schäfer treu ergeben. Er mochte mich nicht, was Schäfer sicher bekannt war. Um es kurz zu machen: Ich wurde unter dem Gejohle der *Heilsarmee* und dem Grinsen Schäfers, der sich mit seinem Gong wie ein Ringrichter aufführte, kurz und klein geschlagen. Das Mäntelchen des »Sportereignisses« verdeckte da wenig: Wieder mußten mich die Sprinter von Schäfer blutend und halb bewußtlos von der Bühne tragen, auf der Mackes schon auf den nächsten Sünder wartete, den Schäfer für ihn auswählte, bis es ihm zu langweilig wurde. Aber das konnte dauern. Denn aus diesen Abenden zog er seine Befriedigung. Er hatte ein System geschaffen, das es ihm erlaubte, zu sündigen und diese Sünden auf andere umzulenken. Er denunzierte an uns das, was er selber trieb. So machte er sich, vielleicht auch vor seinen eigenen Augen, schuldlos.

Später im Bett weinte ich vor Enttäuschung und Wut. Ich gelobte mir, sehr hart im Sportunterricht zu üben, damit ich mich beim nächsten Mal besser wehren könnte, und verfluchte die Tabletten, die meine Reaktionszeit so sehr verlangsamten. Außerdem verfluchte ich Schäfer, denn er hatte es mit seinem blöden Gong in der Hand, der Schlägerei rechtzeitig ein Ende zu setzen und nicht erst, wenn mir das Blut aus Mund und Nase schoß.

Wie immer, wenn es mir besonders schlecht ging, ließ sich Schäfer etwas einfallen, um mich wieder aufzumuntern. Und sei es, mich als Sprinter zu nehmen, was ich an manchen Tagen wirklich als einzigen Liebesbeweis ansah, den ich bekommen konnte, was Schäfer für seine Befriedigung natürlich sehr recht war, oder daß er mich zu besonderen Ereignissen mitnahm.

An einem Abend sagte er, als wir zusammen im Bett lagen, und sah mich dabei von der Seite an:

»Morgen wollen wir uns einen schönen Tag machen, wir fahren auf die Jagd. Auf dem Gelände sind zu viele Kaninchen, denen werden wir morgen das Fell über die Ohren ziehen. Möchtest du da mitkommen?«

»Ja, danke«, erwiderte ich kurz angebunden. Zu offensichtlich war sein Versuch, sich meiner guten Laune zu versichern. Aber insgeheim freute ich mich schon.

Am nächsten Morgen standen wir ausnahmsweise zusammen auf. Schäfer, der sich allein das Privileg des Ausschlafens zugestand, brachte mich bis vor den *Zippelsaal.*

»Ein schnelles Frühstück, und dann treffen wir uns in der Wagenhalle« sagte er, bevor er zur *Alten Küche* weiterging.

Als ich später dort erschien, waren alle Vorbereitungen bereits getroffen. Der offene, hochgelegte Jagdwagen, *Jawo* genannt, den Schäfer benutzte, war vollgeladen. Neben dem Fahrer Willi Malessa saß Schäfer, hinten saßen Gerd Spatz und José Schmidt mit den Hunden Troll und Grauschie, mein »Schatten« Georg, zwei Läufer, die die Kaninchen holen mußten, und ich. Schäfer hatte sich zu dieser Gelegenheit mit einem grünen Lodenmantel als Jäger verkleidet und schwang eine lange Schrotflinte. Wir fuhren in Gegenden, in denen ich noch nie gewesen war, obwohl ich bei der Ernte schon recht weit auf dem Gelände herumgekommen war. Das Gebiet war wirklich riesengroß und der größte Teil immer noch reine Wildnis.

Plötzlich wurde seine Aufmerksamkeit durch die Hunde abgelenkt, die auf der Wiese tatsächlich ein paar Kaninchen aufgestöbert hatten und bellten. Ohne Rücksicht auf sie riß Schäfer sein Gewehr hoch und schoß. Glücklicherweise wurde keiner der Hunde getroffen. Ich durfte aussteigen und die Kadaver holen.

Einige tote Kaninchen später wollte Schäfer unbedingt durch einen breiten, aber flach aussehenden Fluß fahren. »Aber *Tio*, da ist der Fluß, der ist zu dieser Jahreszeit zu tief, da kommen wir nicht durch!«, sagte Willi.

Das war zuviel an Widerstand für Schäfer. Rot vor Wut schrie er los, trat Willi in die Rippen und zwang ihn, den Jeep in den Fluß zu lenken. Gerade noch schafften wir die Überquerung, ohne den Motor absaufen zu lassen, was natürlich schlecht für Willi war. Offene Kritik an den Wünschen Schäfers und Widerworte wurden nie vergessen.

An diesem Tag hielt ich zum ersten Mal ein Gewehr in der Hand und durfte auch schießen. Natürlich traf ich den Hasen nicht. Aber ich war sehr stolz, mal wieder zu den »Großen« zu gehören. Schäfers Belohnung verfehlte ihr Ziel nicht. Ich war mitgerissen von dieser Wir-können-alles-wenn-wir-nur-wollen-Stimmung. Mittags machten wir ein Feuer, grillten zwei der erlegten Kaninchen und sangen dabei Lieder, die die Natur priesen. Ein ums andere Mal lobte Schäfer die Kolonie, die sich gegen der Welten Lauf auflehnte und die offenbar die einzige Gruppe Menschen beherbergte, die den Tag des Jüngsten Gerichts nicht zu fürchten brauchte.

Endlich kamen wieder die roten Dächer von *Kinder-* und *Zippelhaus* in Sicht, den beiden höchsten Gebäuden der Kolonie. Wir hatten über 200 Kaninchen und 50 Hasen nach Hause gebracht. Auf die Idee, die Flinte auf Schäfer anzulegen, kam ich erst, als ich in der Nacht allein im Bett lag und den Tag Revue passieren ließ.

Gelände Kolonie, 1982

Seit Wochen stand ich Tag und Nacht an der Betonmischmaschine. Wir hatten die Aufgabe, 8000 Zaunpfähle aus Beton zu gießen. Schäfer hatte beschlossen, um das gesamte Gelände der Kolonie einen massiven, unüberwindbaren Zaun zu ziehen. Alle fünf Meter sollte ein Betonpfosten stehen, jeder fünfte in der Reihe sollte mit Bewegungsmeldern und Überwachungskameras bestückt werden. Der Zaun selber war elektrisch geladen, 2,80 Meter hoch, mit einer Krone aus Stacheldraht. Wer vor diesem Zaun stand, konnte ihn nicht überwinden, da auch noch die Spitzen nach innen geneigt waren. Alleine den Zaun zu erreichen schien unmöglich:

Ich hatte als Sprinter so manche Unterhaltung von Schäfer belauscht, wenn ich ihn in das *Flip,* das Überwachungszentrum der Sekte, begleiten mußte. Auf diversen Monitoren wurde dort das gesamte Gelände, innerhalb und außerhalb der Gebäude, beobachtet. Versteckte Mikrofone zeichneten jede noch so leise geflüsterte Unterhaltung auf, besonders in den »öffentlichen« Bereichen wie dem *Galpon,* dem Krankenhaus oder der *Mühle,* wo an zwei Tagen der Woche Publikumsverkehr herrschte. Zusätzlich gaben Infrarotkameras und die elektrisch geladenen »Stolperdrähte« Impulse an die Zentrale.

Auf vielen Versammlungen hatte Schäfer die Kosten

des Zauns damit begründet, daß die Kolonie gegen die Feinde von außen, die *Kommunistenschweine,* die aus Neid und Mißgunst nur darauf warteten, das Gelände zu übernehmen, gesichert werden müsse. Er ließ Geheimwege und versteckte Tunnel anlegen, ließ Container eingraben, in denen man sich verstecken konnte, oder beschäftigte sich mit dem Anbau von undurchdringlichen Brombeerhecken und der Konstruktion von schwenkbaren Brücken, die im Falle einer Invasion am »feindlichen« Ufer gekappt und zur Seite geschwenkt werden konnten.

Wir wollten das Gelände zu einem Bollwerk des rechten Glaubens machen. Das war unser Ziel, welches durch ewige Wiederholungen in unsere Köpfe gepflanzt wurde. Durch den monatelangen Bau des Zaunes, der schließlich so lang war, daß er vom Meer bis zu den Anden – einmal quer durch ganz Chile also – gereicht hätte, wurde mir klar, daß Flucht in Zukunft unmöglich war. Es gab zwar immer wieder Bewohner, die zu fliehen versucht hatten, doch dann wurden alle Freizeitvergnügungen gestrichen, und Schäfer hielt Versammlungen ab, die länger als zehn Stunden dauern konnten. Er umriß dann ein Szenario, welches die Hölle auf Erden für all die ausmalte, die sich gegen die Kolonie stellten.

Aber sein Arm reichte weiter als bis in unsere Köpfe, Herzen und Hosen: Mit Hilfe des mächtigen Freundeskreises der Kolonie, den Schäfer sich seit vier Jahren draußen bei den reichen chilenischen Landbesitzern geschaffen hatte, bei den Militärs, beim treuen Polizeiapparat oder bei den ihm gewogenen deutschen Botschaftsangehörigen, war es ihm ein leichtes, geflohene

Mitglieder aufspüren und zurückbringen zu lassen. Nahezu jede Flucht war bisher mißglückt, die Flüchtlinge geächtet, denunziert und auf ewig den Schikanen und Folterungen der Führungsclique ausgesetzt.

Immer öfter dachte ich in dieser Zeit an meine Familie, die mit jedem Zaunpfahl, den ich setzte, unerreichbarer wurde. Es bestand für mich kein Zweifel, daß ich lebende Verwandte »draußen« hatte, seit mir Hernan Escobar von einer Unterhaltung berichtete, die er im Beisein Schäfers mit angehört hatte: Schäfer hatte mit seinen beiden Vertrauten, Gerhard Mücke und Albert Schreiber, über mich und die Schwierigkeiten, die er mit mir hatte, gesprochen und dabei gesagt: »Der hat den gleichen Geist wie sein Vater!«

Das war nun überhaupt das erste Mal, daß Schäfer oder irgend jemand meinen Vater erwähnt hatte. Bisher hieß es ja immer, ich wäre ein Waisenkind. Jetzt aber – und ich glaubte Hernan und seinem Freund, die mir von dieser Unterhaltung berichteten – war ich davon überzeugt, daß draußen meine Eltern noch lebten.

Ich war fest entschlossen, sie wiederzusehen. Das machte mich unvorsichtig. Eines Nachts, als ich neben Schäfer im Bett lag und dachte, er sei milde gestimmt, fragte ich nach meinem Vater. Schäfer rastete aus. Er bekam einen solchen Tobsuchtsanfall, daß er mich an den Haaren in sein Auto zog, mit mir zum Krankenhaus fuhr und dort anordnete, mich wieder »gesund« zu machen.

Das bedeutete, jeweils mindestens zwei Wochen durch Drogen lahmgelegt zu werden. Ich kann diese Wochenanzahl nur schätzen, aber durch Berichte einiger Freunde – Freunde wäre zuviel gesagt, jedenfalls jener, die mich nicht auch auf dem Kieker hatten – konnte ich die verlorene Zeit rekonstruieren. Manchmal mußte ich geradezu wieder neu gehen lernen, weil sich durch das lange Liegen meine Muskeln abbauten und meine Beine mich nicht mehr vom Bett zur Toilette trugen. Manchmal träumte ich, daß meine Beine zitterten und zuckten. An den Tagen nach diesen Träumen konnte ich sie gar nicht bewegen und merkte nur, daß sie am Knöchel extrem angeschwollen waren. Damals badete mich ein Pfleger und fragte: »Merkst du eigentlich etwas an den Füßen von dem Strom?«

Ich konnte mit seiner Bemerkung zunächst nichts anfangen, und als ich ihn fragte: »Was meinst du damit?«, wich er aus und antwortete nicht weiter. Bei meinen nächsten Visiten erfand Doktor Seewald wieder irgend etwas, um mich dazubehalten. Als ich Tage später wieder aufwachte, war ich völlig schlapp, aber ein merkwürdiges Summen erfüllte meinen Kopf, und meine Beine waren wieder dick. Ich hielt mir die Ohren zu, aber es half nicht, das Sirren in meinem Schädel abzustellen. Im Nebenzimmer brummte ein Kühlschrank, und ich hatte das Gefühl, mein Kopf brummte auf gleicher Frequenz.

Ich klingelte. Doktor Seewald kam und beugte sich mitfühlend über mich.

»Tante Gisela, mein Kopf summt so komisch.«

»Ach Hans, hoffentlich kannst du bald wieder raus.« Sie lächelte mich an. »Wollen wir hoffen, daß es dir bald besser geht, mein Junge.«

»Tante Gisela, da steht ein Kühlschrank nebenan! Das Summen tut meinem Kopf weh! Nimm ihn weg!«

»Ruhig, Hans. Wir stellen dein Bett um, wenn es dich

beruhigt. Das Kopfweh ist normal, dagegen bekommst du gleich eine Spritze.« Sie verschwand. Jetzt hatte ich aber eine mögliche Erklärung für dieses Summen und war sehr aufgeregt. Nachdem ich entlassen worden war, nahm ich Kontakt zu Hugo Baar auf. Er war bei Schäfer lange schon in Ungnade gefallen und bekam auch starke Medikamente; ich wußte, daß er auch wochenlang im Krankenhaus verschwand.

Ich nahm allen Mut zusammen und fragte ihn, ob er jemals auch Strom gespürt hätte. Seine Antwort war niederschmetternd: »Hast du erst jetzt gemerkt, daß sie dir Strom durch Kopf und Beine gejagt haben? Haben sie doch mit fast allen gemacht!« Da fielen mir meine Träume und die sehr realistischen Folgen an den Tagen danach wieder ein. »Warum denn?«, fragte ich mit Tränen in den Augen.

»Sie wollen, daß wir vergessen«, erwiderte Hugo Baar.

Durch die Auszeit im Krankenhaus war ich auch mit meinen Übungen im Chor und mit meinen Instrumenten im Rückstand. Ich mußte dann nächtelang üben, bis ich wieder Anschluß fand. Und alles unter dem Schleier der Tabletten, die Georg mir weiterhin besonders streng zuteilte. Ich wurde mit jeder Woche mutloser. Die Gebete halfen mir nicht, und die Tage mit Schäfer, die ja, je schlechter es mir ging, immer stärker eine enorme Erleichterung meines Alltags bedeuteten, halfen mir ebensowenig.

Ich konnte nur noch an meine Familie denken, die ich mir in meiner Phantasie schuf und die irgendwo hinter dem Zaun auf mich wartete. Ich schwor mir, sie zu finden, koste es, was es wolle.

Colonia Dignidad, Juni 1985

Seit einigen Monaten arbeitete ich in der Küche des brandneuen *Casinos*, eines Restaurants, das die Kolonie außerhalb des Geländes betrieb. Das *Casino* lag einige Fahrstunden von der Kolonie entfernt in Bulnes. Morgens wurden wir mit Bussen hin- und nach zwei, drei Tagen abends wieder zurückgebracht; wenn es sehr eilte, weil jemand ausfiel, kam für den Transport sogar ein kleines Sportflugzeug zum Einsatz. Das Restaurant hatte Plätze für 400 Personen, und das gute Essen, was aus unserer eigenen Produktion stammte, verhalf dem *Casino* zu einem exzellenten Ruf in der gesamten Umgebung. Am Wochenende war es immer so voll, daß wir in verschiedenen Schichten arbeiten mußten. Der wirtschaftliche Gewinn für Schäfer war immens, arbeiteten doch alle Koloniebewohner wie immer ohne Bezahlung. Wir mußten allerdings Lohnauszahlungsbelege unterschreiben, obwohl nie irgendeiner eine Münze sah.

Mein Job war es, in der Küche die Teller zur Durchreiche zu geben und das Geschirr, das von den Kellnern gebracht wurde, anzunehmen und zur Spüle zu bringen. Es war eine angenehme Aufgabe, die ich nach den verschiedenen anderen Arbeiten gern machte. Außerdem kam ich hier endlich einmal mit den Frauen der Kolonie in Kontakt, obwohl private Unterhaltungen natürlich verboten waren. Auch der flüchtige Kontakt zu den Gästen beschäftigte mich. Es gab Familien, junge Paare, die sich zum Rendezvous trafen, die Arbeiter der Gegend oder zu besonderen Anlässen auch offizielle Treffs zwischen der Führungsriege der Kolonie und hochrangigen Militärs wie Subgeneral Bau oder Pedro Espinoza oder dem ehemaligen Geheimdienstchef des DINA, Manuel Contreras, der »Schatten Pinochets«, wie er sich nannte, und der immer noch ein enger Freund Schäfers war. Insgeheim hoffte ich, daß eine Familie mich erkannte und sagte: »Hallo, bist du nicht unser Sohn Hans?«

Ich räumte gerade die Teller ab, als Gerd Mücke völlig aufgelöst in die Küche stürmte. Er rief einige Frauen zusammen, erzählte etwas, was ich trotz aller Anstrengung nicht verstehen konnte, und rauschte wieder hinaus. Einige Tanten hatten zu weinen angefangen, andere standen ernst um die Spüle herum oder nestelten an ihren Schürzen.

»Was ist denn, Tante Lilly?«, fragte ich. »Leise, Hans. Es hat einen Unfall gegeben. Frag nicht«, flüsterte sie. Abends im Bus zurück gab es nur ein Thema: Irgend etwas war auf einer Jagd, die Schäfer zusammen mit dem Ex-Geheimdienstchef Contreras abgehalten hatte, schiefgegangen.

In der Kolonie erzählte uns Kurt Schnellenkamp, was geschehen war: Ein neuer Favorit Schäfers, der siebenjährige Hartmut Münch, der wohl auch Sprinter werden sollte, war aus dem Wagen gefallen und so unglücklich gestürzt, daß er noch am Unfallort starb. Das war natürlich eine Katastrophe für Schäfer. Er, der den Jungen ja unter seinen besonderen Schutz genommen hatte!

Die leiblichen Eltern, die auch, wie alle anderen, voneinander getrennt in der Kolonie lebten, hatten weniger Kontakt zu ihm gehabt als Schäfer selbst.

Ich merkte es ihm in den folgenden Wochen an, wie sehr ihn der Tod Hartmuts mitnahm. Beim Duschen am Samstag saß er geistesabwesend auf seinem Stuhl, aus dem Alltag der Kolonie zog er sich weit zurück und unternahm keine täglichen Kontrollgänge mehr, und wenn ich als Sprinter unter seiner Dusche stand, fand das, was er sonst so gerne tat, ein sehr schnelles Ende. In seinen Predigten trat eine Düsternis hervor, die uns allen Angst machte. Immer nur sprach er vom Zusammenfall der Welt und von der Gnade, hier in der Kolonie leben zu dürfen. Alles wurde von ihm in den schwärzesten Farben gemalt. Es war, als sei er selber in einer Depression, aus der er nicht mehr herausfand. Die Führungsclique übernahm unauffällig die meisten seiner Aufgaben, so daß das tägliche Leben nicht beeinträchtigt wurde. Nur diejenigen, die eng mit ihm zusammenarbeiteten, erlebten jetzt einen fahrigen und unkonzentrierten Schäfer. Wenn man ihn trösten wollte, winkte er nur ab. Ich wunderte mich nach einigen Wochen darüber. Es war ein schlimmes Unglück, aber doch schließlich ein Unfall! Da hatte doch Schäfer keine Schuld dran gehabt! Manchmal benahm er sich, als hätte er Hartmut mit eigener Hand umgebracht!

Ich merkte, daß ich genau jetzt, wo Schäfer so abwesend war, handeln müßte, wollte ich überhaupt etwas an meiner Situation verändern. Am besten wäre, Schäfer aus dem Weg zu räumen. Ein Unfall wie der von Hartmut war so schnell geschehen, daß ich mich in den folgenden Wochen immer mehr mit der Vorstellung tröstete, Schäfer könne ja auch ein Unfall zustoßen. Man dürfte nur nicht merken, daß es kein Unfall war.

Jeder kannte Schäfers Vorliebe für Rituale. Immer ging er dieselben Wege, ob aus Aberglauben oder aus Angst. Ich konnte jeden seiner Schritte inzwischen im Schlaf vorhersagen. Wenn er sein Auto parkte, so tat er das immer in der Garage vorm *Zippelsaal*. Von dort fuhr er an der Großküche des *Zippel-Neubaus* vorbei in den *Annaweg*.

Der *Zippel-Neubau* war dreistöckig. In der oberen Etage standen die Räume leer, keiner war bisher dort eingezogen. Im Erdgeschoß war die neue Großküche, und im Keller lagerten die Vorräte. Eines Tages war ich im Keller und sollte etwas heraufholen, als mein Blick auf die großen Sauerkrautfässer fiel, die dort standen. Die Deckel der Fässer waren mit großen, kiloschweren Steinen beschwert.

Blitzartig sah ich Schäfer vor mir, der langsam am Haus vorbeifuhr, und einen Stein, der aus dem dritten Stock durch seine Windschutzscheibe flog und ihn so umbrachte. Aus dem Raum im dritten Stock würde ich unerkannt schnell die Hintertreppe hinab und hinten ums Haus laufen können, ohne daß mich jemand sehen würde. Alle wären ja um das Auto versammelt oder würden aus der Küche zum Unfallort laufen. Keiner würde je erfahren, wer den Stein geworfen hatte, und ich hätte endlich die Gelegenheit, mein Leben so zu ordnen, wie ich es wollte.

Ich zögerte keine Minute, die Gelegenheit war zu günstig. Ich nahm von einem der hinteren Fässer einen der

Brocken und schleppte ihn in den dritten Stock. Dort wollte ich am nächsten Tag warten, wenn Schäfer unter dem Fenster entlangfuhr, und ihn töten. Die Zeit war auf meiner Seite, da ich in dieser Woche kein Sprinter war und auch vom Singen und Blasen befreit war, um circa eine Million Äpfel zu schälen – es war Erntezeit.

Ich weiß nicht mehr, ob ich in der folgenden Nacht geschlafen habe. Inzwischen war ein Teil der *Heilsarmee* umgezogen – wir lebten jetzt im *Weizenhaus* neben dem Zwerghirschgehege. Georg schnarchte, und ich malte mir aus, daß Schäfer inzwischen den Stein gefunden hatte und überhaupt alles schon wußte und sicher gleich hereinstürzen würde, um mich abzuholen. Diesmal würde ich das Krankenhaus nicht überleben.

Andererseits malte ich mir aus, daß die Kolonie ohne Schäfer vielleicht ein besserer Ort würde, an dem man auch mal alleine rauskönnte, mal in die nächste Stadt fahren, vielleicht Freundschaften schließen mit den Chilenen, vielleicht meine Familie suchen und finden. Das alles lag so dicht vor mir – ich müßte nur die Nerven behalten. Den Tablettensaft, den Georg mir heute abend gab, hatte ich übers Kinn in mein Hemd laufen lassen. Das hatte mittlerweile oft gut funktioniert, weil Georg mich, wenn er mir den Becher gereicht hat, nicht weiter ansah. So war es auch am nächsten Morgen.

Nach dem Frühstück im *Zippelsaal* verabschiedete ich mich zum Äpfelschälen und schlich in den dritten Stock. Schäfer mußte jeden Moment mit seinem Mercedes unter dem Fenster vorbeifahren. Der Stein schien Tonnen zu wiegen, als ich ihn auf die Fensterbank wuchtete. Da! Ich hörte Motorengeräusch. Er kam! Ich duckte mich.

Laut kam der Mercedes näher, nur – scheinbar aus der anderen Richtung! Täuschten mich meine Ohren? Schäfer sollte doch vom *Zippel* wegfahren, aber er schien anzukommen! Und das bedeutete: Er fuhr auf der anderen Straßenseite am Haus vorbei! So weit konnte ich den Brocken nicht werfen. Mit Tränen in den Augen vor Wut sah ich ihn näher kommen und vorbeifahren, tatsächlich auf der anderen Seite des Weges. Heute war er wohl so früh wie nie aufgestanden und hatte seine Tour zum *Galpon* schon hinter sich.

Naja, würde ich es eben an einem anderen Tag noch mal versuchen müssen. Ich nahm den Stein, legte ihn in die Ecke des Zimmers und verschwand so ungesehen, wie ich gekommen war.

Leider hatte ich nicht immer das Glück, die Tabletten nicht runterzuschlucken. Einmal, weil Georg hin und wieder genauer hinsah, zum anderen, weil ich dauernd Überprüfungen von Doktor Seewald fürchten mußte. Und vor dem Krankenhaus hatte ich inzwischen wirklich große Angst, denn die Folgen dieses Drogendeliriums waren äußerst unangenehm für mich – Extrastunden im Chor, im Sport, um die Schwäche durch das lange Liegen auszugleichen, verschärfte Arbeitsleistungen, und all das im Nebel der Tabletten.

Der Alltag war so ermüdend und dadurch so aufreibend, daß ich nach ein paar Tagen den Stein im dritten Stock wieder vergaß. Die Phase der Mordphantasien lag wohl hinter mir.

Das war immer so: Ideen kamen, beherrschten mein Denken für Tage, ausschließlich, und vergingen dann ohne jede Folge. Es waren wohl mehr Tagträume, die mir die bittere Realität etwas angenehmer machen sollten, als ausgetüftelte Pläne. Dazu war ich zu allein.

Allerdings war ich noch nie so weit gegangen wie dieses Mal. Erst viele Wochen später erinnerte ich mich mit einem Schrecken, der mir das Herz fast stehenbleiben ließ, an den Stein: Ich war – zum Glück! – gerade Sprinter, als Schäfer beschloß, die Räume im dritten Stock des Neubaus zu besichtigen, um zu entscheiden, wer zukünftig dort Quartier beziehen sollte. Siedendheiß fiel mir ein, daß der Stein dort noch lag. Schäfer bemerkte ihn natürlich auch und fragte: »Wie kommt denn der Brocken da hin?«

»Och, keine Ahnung«, gab ich mich ahnungslos. »Ich werd' ihn mal wegräumen.« Kaltblütig nahm ich ihn und schleppte ihn raus, vor die Tür. Ich glaube, dort liegt er wohl heute noch. Schäfer fragte nicht weiter.

Nicht lange vor dem Tod Hartmuts waren der Kolonie schlimme Sachen widerfahren, wodurch Schäfers Visionen der allesverschlingenden Finsternis noch verstärkt wurden. Der ehemals zweite Mann der Kolonie, Hugo Baar, war kurz vor Ende des letzten Jahres, im Dezember 1984, vom Gelände geflohen und bald darauf, im Februar 1985, auch noch das Ehepaar Packmoor.

Schäfer hatte diesen Verrat nicht verwinden können. Er machte sich in den Predigten dermaßen über die Abtrünnigen her, daß man sich nur wundern konnte, wo ein nahezu heiliger Mann wie er solche dunklen Verwünschungen herhatte. Die drei waren in Deutschland eine große Gefahr für das Bild der Sekte in der Öffentlichkeit geworden, dies versuchte Schäfer mit Rufmordkampagnen innerhalb und außerhalb der Kolonie einzudämmen. Wir bekamen natürlich nur die eine Hälfte davon mit.

Hugo Baar, der bereits in den letzten Jahren wenig auf dem Gelände in Erscheinung getreten war, wurde aller Vergehen beschuldigt, die man sich nur vorstellen konnte – und diverser, die wir uns überhaupt nicht vorstellen konnten. Alle drei Flüchtlinge wurden als das personifizierte Böse verleumdet. Das Ergebnis war, daß alle Angst davor bekamen, auch jemals so vorgeführt zu werden oder in einer Welt leben zu müssen, in der solche Monster frei herumlaufen durften. Schäfer hatte es wieder geschafft, die Flucht propagandistisch so umzudeuten, daß sich die Bewohner noch enger an Schäfer banden, abgesehen davon, daß sowieso niemand Geld, Papiere oder bloß Kleidung für eine Flucht hatte.

Mich nahm das alles ziemlich mit, weil ich doch auch immer als Böser gebrandmarkt wurde. Da ich ein Störenfried, ein Außenseiter war, wurde ich noch unversöhnlicher getriezt und schikaniert. Es hagelte für alles und jeden Satz von mir Ohrfeigen, ich war innerhalb der *Heilsarmee* Freiwild. Jeder, der seinen Frust loswerden wollte, konnte sich an mir austoben. Wenn ich mich darüber beschwerte, gab es nochmals Schläge bei den Versammlungen. Die Stimmung war explosiv, und ich bekam in dieser Zeit jede Woche Spritzen, die mich erschöpften.

Gewöhnlich war es ein wirkungsvolles Ablenkungsmanöver, in gespannten Situationen Filme im *Zippelsaal* zu zeigen. Nach dem Tod von Hartmut etwa sahen wir »Die Feuerzangenbowle« – Rühmann-Filme standen bei

Schäfer hoch im Kurs – oder Heimatfilme wie »Johannisnacht« oder »Das Wirtshaus im Spessart«. Das waren für mich immer besondere Abende, die Filme beschäftigten mich noch Tage. Es mußte eine schöne Welt sein, da draußen.

Nach der Flucht der Packmoors aber zeigte Schäfer uns den Film »Der Exorzist«.

»Damit ihr seht, was mit einem passiert, der sich mit dem Teufel einläßt!« Für Schäfer war der Teufel ohnehin eine reale Figur. Ich hatte ihn mir bisher eher folkloristisch vorgestellt. Die Bilder, die ich jetzt sah, erschreckten mich in tiefster Seele. Noch nie hatte ich so eine Angst wie während dieses Filmes.

An den besonders fürchterlichen Stellen schrie Schäfer in die Dunkelheit des Saals: »Da! Wer schlecht ist, wird vom Deibel zermalmt, guckt genau hin!«, und geiferte vor sich hin.

Ich nahm diese Gleichsetzung von Fehlverhalten = vom Teufel besessen durch die Kraft der Bilder vollkommen ungefiltert in mich auf.

Abgesehen von den Nächten, in denen ich vor Angst keine Ruhe fand, war diesmal für mich klar, daß auch ich vom Teufel besessen sei; und jetzt wußte ich ja, was auf mich wartete, die Bilder waren unauslöschbar in meinem Hirn.

Hatte ich nicht sogar Schäfer ermorden wollen? Gleichzeitig aber fragte ein Teil von mir: »Wieso bin ich denn so? Doch nur, weil sie mir die Drogen geben!«

Aus diesem Widerspruch fand ich nicht heraus. Ich beschloß, nicht mehr Schäfer umzubringen, sondern mich selbst. Ich wollte einfach weg sein, das Leben hatte ja keinen Sinn, es würde sich nichts ändern, und wenn man doch den Weg hinaus schaffte, wartete der Teufel auf einen. Davor hatte ich jetzt Angst. »Der Exorzist« verfehlte seine Wirkung auf mich nicht: Jeder Widerstand, der noch in mir war, schien gebrochen. Ich machte meine Arbeit und überlegte mir, wie ich am besten »verschwinden« könnte, ohne daß man mich je finden könnte. Alle sollten traurig sein und ein wenig mich bewundern, ob ich nicht vielleicht doch eine Flucht geschafft hätte? Etwas, was mir keiner jemals zugetraut hätte? Ein bißchen Heldenphantasie erlaubte ich mir bei diesen Tagträumen.

Das einzige Problem war Georg, der ja praktisch nie von meiner Seite wich, außer wenn er auf Klo mußte oder gerade einen anderen verprügelte.

Aber eines Tages hatte ich die Lösung: Ich würde mich im *Schwanenteich,* circa 300 Meter südlich vom *Zippelsaal,* ertränken. Am gleichen Tag, während einer nicht enden wollenden Versammlung, zu der Schäfer übellaunig gerufen hatte, stand ich auf, flüsterte Georg »Ich muß auf Klo« zu und ging hinaus.

Die Toiletten waren 100 Meter entfernt, etwas dahinter lag der Teich. Dort würden sie mich nicht finden; es war nicht so weit, daß meine Abwesenheit in den wichtigen Minuten, die ich brauchen würde, um mich zu ertränken, bemerkt werden würde, und außerdem war es unblutig. Blut konnte ich seit dem Film nicht mehr sehen. Ich lief zum Ufer und steckte mir Kies und Steine in die Tasche. Während der Versammlung hatte ich schon Unmengen Wasser getrunken, um mich schwerer zu machen. Jetzt watete ich ins kalte Naß und fing an zu schwimmen. Es war stockdunkel, aber es wollte mir nicht gelingen, einfach unterzugehen. Ich schwamm, ließ Luft aus meinen Lungen, tauchte ab, tauchte auf, schnappte wieder nach Luft – und spürte plötzlich wieder Boden unter meinen Füßen. Der Teich war zwar groß, aber ich hatte ihn bereits durchschwommen.

Gerade wollte ich mich umdrehen und wieder lostauchen, als ich vom Ufer eine Stimme hörte: »He! Wer ist da? Was ist da los?« Ich erschrak. Erwischtwerden bedeutete sofort und automatisch das Ende meines Plans. Jetzt ging es nur noch um Schadensbegrenzung.

»Äh, ich bin's, Hans, ich bin ausgerutscht und ins Wasser gefallen!«, rief ich, während ich ans Ufer stakste und versuchte, unauffällig meine Taschen vom Modder und Kiesel zu leeren. »Junge, was machst du für Sachen! Komm hoch!« Jemand reichte mir den Arm. Ich zog mich hoch und sagte zitternd:

»Nicht so schlimm, es war dunkel, ich mußte mal und bin vom Weg abgekommen!« Wie aus dem Nichts stand Georg neben uns. Das Geschrei des Mannes, der mich entdeckt hatte, mußte ihn alarmiert haben.

»Hans, du kannst was erleben! Sind hier etwa die Klos?«

Ich fing an zu weinen. »Das liegt nur wieder an den Tabletten! Nur deswegen habe ich mich im Dunkeln verlaufen! Ihr seid schuld! Ich …«

Der ganze Druck kam in einem hysterischen Heulanfall raus, dem sogar Georg nichts anderes entgegenzusetzen hatte, als mich zur *Nähstube* zu bringen, mir trockene Kleidung zu organisieren und mich ins Bett zu bringen. Ich habe nie einen Vorwurf in dieser Sache gehört, im Gegenteil: Tage später erfuhr ich, daß ich mit Doktor Hopp nach Santiago fahren durfte und sogar bald am Wochenende im *Casino* als Kellner arbeiten dürfte – eine besondere Ehre, bedeutete das doch engen Kontakt mit der einheimischen Bevölkerung. Ein klarer Vertrauensbeweis von Schäfer.

Meine Pläne, mich umzubringen, wurden erst einmal beiseite geschoben. Selbstmord war doch nicht so einfach, wie ich es mir vorgestellt hatte.

Drei Jahre später, im Herbst 1988, war es wieder soweit, daß ich mein Leben in der Kolonie nicht mehr ertragen konnte. Schäfer hatte sich mir gegenüber verändert, er war für mich nicht mehr die Vaterfigur, als die ich ihn trotz allem manchmal noch gesehen hatte. Seit der Flucht von Hugo Baar hatte sich seiner Meinung nach die Welt gegen die Kolonie verschworen. Wenige Wochen zuvor hatte sich die chilenische Regierung drangemacht, eine schrittweise Öffnung der Diktatur in Richtung Demokratie auf den Weg zu bringen. Dieser Vorgang, *transicion* genannt, war zwar kein Bruch mit der Vergangenheit, gleichwohl verlor Diktator Pinochet eine Volksabstimmung und mußte Parlamentswahlen den Weg frei machen. Das war natürlich ein herber Schlag für Schäfer. Er, der sich seiner Macht nur durch die umfassende Unterstützung des Systems Pinochets sicher sein konnte, sah die Marxisten schon vor den Toren der Kolonie Stellung beziehen. Bei den Versammlungen ätzte er gegen den neuen Präsidentschaftskandidaten Patricio Aylwin, den er mit Allende und dem Ende allen Rechts und Anstands verglich.

Es war für mich sehr mühsam, an Informationen von »außen« zu kommen. Mal schnappte ich hier ein Wort auf, mal dort. Ich versuchte, mich immer unauffällig in Schäfers Nähe aufzuhalten. Er hatte in seinen Räumen schließlich Fernsehen, Radio und las die für uns verbotenen Zeitungen, war also bestens informiert. So gelang es mir, mir die Lage im Land mehr schlecht als recht zusammenzureimen. Außerdem war ich an den Wochenenden immer im *Casino.* Da hörte ich beim Abräumen der Tische natürlich genau auf die Unterhaltungen der Gäste.

Oft war Schäfer auch dort, hatte aber nie Zeit, sich um mich zu kümmern. Auch rief er mich unter der Woche seltener zu sich. Er wirkte manchmal fahrig und unkonzentriert und mitunter geradezu entspannt. Nie hätte er früher das Radio laufen lassen, wenn wir im Badezimmer zusammen waren! Und nie hätte er sich um den »Genuß« gebracht, mich zu erregen, wenn ich allein in seiner Nähe war. Jetzt aber schlug er mir manchmal nur spielerisch auf den Po, schubste mich oder trat mir auf den Fuß und wandte sich anderen Dingen zu. Hing das mit der Operation zusammen, der er sich unlängst unterziehen mußte? Wir alle mußten tagelang für ihn beten, während er in dem modernsten Krankenhaus Chiles, dem Marinehospital, an der Lunge operiert wurde. Seitdem mußte er oft in ein komisches Gerät pusten. Oft kam auch Schwester Maria in die *Alte Küche* und gab ihm Spritzen. Dann schien er in eine andere Welt zu versinken. Gespräche waren kaum noch möglich.

In diesen Tagen war ich zum Säen eingeteilt. Endlose Stunden mußten wir in bitterer Kälte die Saat auf den

Feldern verteilen. Diese harte Arbeit ging oft bis tief in die Nacht. Mit rissigen und blutenden Händen mußten wir uns dann schnell umziehen und noch zum Singen im *Zippelsaal* erscheinen. Schäfer saß auf seinem Thron und schwadronierte endlos über die schlechten Zeiten und die schlechte Moral, die sich auch unser bemächtig hätte. Wenn wir genug gebetet hatten, sangen wir seine Lieblingslieder. Er ließ sich zurücksinken und gab sich den Melodien hin. Höchstwahrscheinlich gaben ihm diese Texte Trost.

»Leise und inniglich
Mahnet der Heiland,
Ruft die Verlornen zum Heil.
Steht vor der Türe
Des Herzens und wartet;
Öffne Ihm. Er ist dein Teil.

Komm heim, komm heim, Seele,
Vernimm es! Komm heim.
Horch, wie dein Heiland
Dich flehentlich ruft:
Gib ihm dein Herz
Und komm heim!

Flüchtig sind hier unsre
Stunden und Tage,
Bald ist die Arbeit getan.
Sieh, wie im Westen
Die Schatten sich mehren!
Bald bricht die Ewigkeit an.

Komm heim, komm heim ...«

Ich konnte die Lieder und Gebete nicht mehr hören. Eines Abends schlief ich während der Predigt ein – und erwachte durch einen heftigen Schmerz an meinem Ohr. Schäfer stand vor mir und riß mich an demselben aus dem Sitz.

»Was, in dieser Stimmung schläfst du ein? Wenn die Gemeinschaft sich aufs Singen vorbereitet? Wer schläft, wenn der Geist Gottes am stärksten ist, geht mit dem Teufel Arm in Arm! Was ist nur in dich gefahren, Junge! An dir ist Hopfen und Malz verloren!« Er schüttelte mich und reichte mich an Willi Malessa weiter, einen anderen engen Vertrauten, der mir eine saftige Ohrfeige verabreichte.

»Zur Strafe wirst du morgen die Beete am *Annaweg* umgraben, während wir unseren hohen Besuch aus Deutschland willkommen heißen!«

Ich sagte nichts mehr. Meine Enttäuschung war groß, denn auf dieses Fest hatte ich mich gefreut, es war immerhin eine Abwechslung im Alltag. Anstatt daran teilzunehmen, mußte ich jetzt, vom schlechtgelaunten Georg, dem ich natürlich auch den Tag verdorben hatte, begleitet, die Beete am *Annaweg* umgraben. Zusätzlich kassierte ich Schläge, weil ich Erde auf den asphaltierten Weg fallen ließ.

Einmal mehr schien es für mich keinen Ausweg aus diesem endlosen Kreislauf zu geben. Was ich auch tat: Ich wurde geschlagen. Wenn ich nicht geschlagen wurde, wurde ich ruhiggestellt. Die Nähe zu Schäfer, die mir in manchen Nächten trotz der sexuellen Qual Wärme gegeben hatte, war selten geworden. War ich ihm zu alt geworden? Oder zu unberechenbar? Irgend etwas hatte sein Interesse an mir abflauen lassen. Die letzten Male ließ er mich nicht mehr bei sich übernachten, die Kontakte in der Dusche waren sehr kurz und schnell geworden, wodurch ich mir noch benutzter vorkam als sonst schon. Seife in die Augen, zum Orgasmus gebracht, und ab – das war, wie ich jetzt merkte, ohne ein nettes Wort noch unerträglicher.

Als Georg mich einmal mehr für meine schlampige Arbeit bestrafte, beschloß ich, diesmal mein Leben richtig zu beenden. Am nächsten Tag schlich ich mich in der Mittagspause in die Scheune. Hier waren neben dem normalen Getreide Säcke mit Weizen gelagert, den wir vorher mit Gift behandelt hatten, um ihn als Lockmittel gegen Ungeziefer einzusetzen. Ich griff in den Sack und würgte soviel ich konnte davon herunter. Ich meinte, eigentlich auf der Stelle tot umfallen zu müssen, als …

»Hans! Was machst du denn da?«, rief Jaska, ein Arbeitskollege, der plötzlich im Tor der Scheune auftauchte.

»Ich habe Hunger, ich …«

»Hast du aus diesem Sack gegessen?«

»Ja, ich wollte nur ein wenig Weizen essen, ich …«

Schon hatte er sich abgewendet und sprach in sein Walkie-talkie. »Hans hat Giftweizen gegessen, schnell eine Ambulanz zur Scheune!«

Keine drei Minuten später wurde ich per Fahrrad zum Krankenhaus gefahren, wo mir *Doktora* Seewald zur Abwechslung einmal den Magen auspumpte. Keiner merkte mir meine ursprüngliche Absicht an, als ich erzählte, daß ich wohl aus Versehen in den falschen Sack Weizen gegriffen hätte. Alle waren sich einig, daß ich großes Glück gehabt hätte, und feierten Jaska noch tagelang. Mir war bis auf das unangenehme Gefühl des Auspumpens nichts geschehen, ich hatte sogar die Aufmerksamkeit um mich herum genossen. Endlich kümmerte man sich wieder um mich! Trotzdem stand mein Entschluß fest, lieber zu sterben, als weiter dieses sinnlose Leben erleiden zu müssen.

Einige Wochen später ergab sich eine erneute Gelegenheit für mich. Auslöser war ein nichtiger Streit mit Mackes und Jaska, meinen beiden Kollegen.

Die beiden ließen keine Gelegenheit aus, mich zu drangsalieren. Während wir den ganzen Tag lang 80-Kilo-Säcke mit Weizen auf Hänger luden, merkte ich, daß mir die Beine versagten. Die täglichen Tabletten machten mir die Arbeit so sehr, sehr schwer. Ich ließ den Sack vom Rücken rutschen und sagte etwas wie: »Ich kann nicht mehr und brauche eine Pause.« – »Waaas? Du willst hier faulenzen?«, schrie Mackes mich an. Jaska stellte sich neben ihn: »Du spielst doch sonst immer den starken Mann! Du glaubst doch wohl nicht, daß wir dir deine Faulheit jetzt durchgehen lassen, Du Schuft? Mackes, ich glaube, wir sollten mal die 100-Prozent-Sperre anwenden, was meinst du?« Sie grinsten sich an. »Ja, gute Idee!«, rief Mackes. Gemeinsam fielen sie über mich her und hielten mich mit ihren Körpern am Boden. »Wollen wir ihn mal anständig zappeln lassen?«, hörte ich noch, bevor sie mir Mund und Nase zuhielten. Ich glaubte, ich müßte sterben. Mit jeder Sekunde, die ich mich wehrte, drückten ihre Körper stärker auf meinen, und die Lunge drohte mir zu platzen. Ich zuckte: Das war's, was sie sehen wollten.

»Ach, wirst du jetzt auch noch widerspenstig? Scheinst

ja noch gut Kraft zu haben!« Mein Zucken wurde stärker, ich hatte wahnsinnige Panik. So wollte ich nun auch wieder nicht sterben. »Hey Mackes, Hans will tanzen! Siehst du, wie seine Füße tanzen?« Jaska lachte. Gerade in der Sekunde, als ich ohnmächtig zu werden drohte, gaben sie mich frei.

Keuchend lag ich am Boden.

»Na, das wird Dir eine Lehre sein, nicht zu faulenzen, wenn Arbeit auf dem Programm steht!«, sagte Mackes und wandte sich um.

Jetzt war ich aber über jede Angst erhaben.

»Ihr Schweine habt mir die Luft abgedreht! Das werdet ihr bezahlen!«, krächzte ich.

»Luft abgedreht? Wovon spricht er?« Fragend sah Mackes Jaska an. »Keine Ahnung. Was sagst du da, du Irrer?«, fragte Jaska. Beide sahen sich an und lächelten. Ich war inzwischen auf den Knien und sah rot vor Wut über die absolute Hilflosigkeit meiner Lage. Ich schrie und weinte und tobte und versprach, Schäfer alles zu erzählen und ihnen eine gerechte Strafe zukommen zu lassen. Mein Anfall lief allerdings ins Leere.

»Was redet der da nur? Wir haben doch nur gebalgt, nicht wahr, Jaska?« – »Ja, nix weiter, nur gebalgt … und keiner hat was anderes gesehen, oder, Mackes?« So verschwanden beide kichernd und absolut siegessicher hinter dem Trecker.

Ich stand auf. Rotz, Erde und Tränen verschmierten mein Gesicht. Ich wußte, was ich zu tun hatte. Ich ging in die nahegelegene Scheune. Letztes Mal hatte es nicht geklappt, aber diesmal würde mir nichts dazwischenkommen! Ich wußte, wo jetzt der Sack mit dem vergifteten Weizen gelagert war. Daraus nahm ich jetzt wieder eine große Handvoll und schluckte sie mit Todesverachtung, innerlich zitternd, hinunter, bis …

»Hans!« Ich drehte mich um. Lopez! Lopez, ein chilenischer Kollege, machte gerade hier in dieser kleinen Scheune ein verbotenes Mittagsschläfchen! »Hans, hast du etwas von diesem Weizen gegessen?« Mein Anblick muß ihn wirklich erschreckt haben, außerdem weinte ich schon wieder. Es folgte dieselbe Routine wie beim letzten Mal.

Diese Erlebnisse veränderten mich. Der liebe Gott wollte wohl nicht, daß ich starb. Das war das eine. Das andere war, daß in der Kolonie die Kontrollen laxer zu werden schienen. Schäfer machte weniger Rundgänge, die Bestellungen wurden einfacher unterschrieben, mein Benimmbuch wurde nicht mehr so penibel kontrolliert wie früher, und vor allem gab es auf den Versammlungen kaum noch Ohrfeigen. Schäfer griff sich seine Pappenheimer zwar noch raus wie eh und je, aber an körperlicher Gewalt sah und spürte ich weniger. Vielleicht auch, weil ich meinen »Schatten« Georg endlich loswurde. Sei es, weil er nicht gut genug auf mich aufgepaßt hatte, seien es andere Gründe, auf jeden Fall paßte jetzt Hans Jürgen Riesland auf mich auf, was mein Leben ziemlich erleichterte. Er nahm mich oft in Schutz, schlug mich nie und gab mir das Gefühl, Verständnis für mich zu haben. Dabei war er ja Schäfers engster Vertrauter, sein Kronprinz. Für mich war diese Erleichterung meines Lebens einfach zu erklären: Die Welt drumherum geht vielleicht unter, aber die Zeit Schäfers ist auch irgendwann mal zu Ende. An den Umständen habe nicht ich schuld, sondern die anderen. Wieso soll ich mich also dann davonmachen? Ich warte ab, nutze meine Chance, hier herauszukommen, finde meine Familie und werde dann mein eigenes Leben leben. Dieses »Mantra« gab mir in den unzähligen Nächten, die ich unter Drogen, aber nicht schlafend verbrachte, Kraft und Mut. Ich habe nie wieder versucht, mich umzubringen.

Colonia Dignidad, Buchhaltungsbüro, Sommer 1992

»Unterschreib hier.« Tante Gitta zeigte auf das Ende des Papiers, das vor mir lag. Ich setzte meinen Namen ordentlich unter das Dokument, das mir einen Monatslohn von umgerechnet 30 Euro brutto zusprach. Dann mußte ich weiterrücken. Fast alle Koloniebewohner warteten in einer langen Schlange darauf, zum ersten Mal in der Geschichte der Kolonie einen Arbeitsvertrag zu unterschreiben. Diese Unterschrift empfand ich als Triumph. Nicht, daß ich durch die Unterschrift den Lohn ausgezahlt bekommen würde für meine Arbeit, wie die anderen chilenischen Arbeiter aus Parral, Catillo, San Manuel oder Trabuncura, die Schäfer in den letzten Jahren auf das Gelände gelassen hatte, um die Vorwürfe der chilenischen Presse zu entkräften, die Kolonie sei ein »Staat im Staat«. Auch nicht, daß ich mit dem Vorgang, Arbeitsverträge zu bekommen, etwas zu tun gehabt hätte; aber wir alle wußten, daß Schäfer mittlerweile das Wasser bis zum Halse stand.

Seit General Pinochet im März 1990 nach siebzehn Jahren Herrschaft abgetreten war, hatte die neue demokratische Regierung versucht, die Kolonie in den Griff zu bekommen. Scheinbar war sie ein Symbol der Pinochetjahre, was ich dahingehend bestätigen kann, als daß wir zum Auffangbecken aller Pinochetfreunde und

-günstlinge des Landes wurden. Sie trafen sich mit Schäfer und der engsten Führung oft im *Casino* oder im *Freihaus,* um über die herrlichen früheren Zeiten zu sprechen – und wie sie sich gegenseitig dabei helfen konnten, ihre Schäfchen ins trockene zu bringen. Natürlich hatte die Kolonie in der Gegend immer noch immense Macht, aber jetzt wurden aus bürokratischen Nadelstichen ernsthafte Gefahren für die Existenz der Kolonie und verärgerten Schäfer.

Der größte Coup der neuen Regierung war bisher, als sie im letzten Jahr der Kolonie die Gemeinnützigkeit entzogen hatte und das Krankenhaus und die Schule schließen ließ. Beim Durchsehen der Bücher war ihnen aufgefallen, daß die Krankenschwestern seit Urzeiten keine Prüfungen mehr abgelegt hatten. Auch wurden Gerüchte laut, bei Operationen seien einigen Patienten gesunde Organe entnommen worden. Die jahrelangen Gerüchte um Folterungen auf dem Gelände erhielten neue Nahrung; oft demonstrierten am *Galpon* Menschen, deren Angehörige während der Diktatur verschwunden waren und die nun Plakate mit Aufschriften wie »Wo sind die Vermißten?« vor dem Haupteingang schwenkten.

Das sorgte bei den Bewohnern für große Aufregung. Jeden Abend wurde jetzt zur Versammlung gerufen, und obwohl offiziell nicht darüber gesprochen wurde, war eine große Unruhe zu spüren. Schäfer warnte jedoch deutlich vor den »Linken, die uns nach Rußland vertreiben wollten«, und sorgte dafür, daß etliche Beweise, die an frühere Aktionen der Kolonie in der Pinochetära erinnerten, verschwanden.

Eines Tages ging ich vom *Weizenhaus* kommend an der *Autohalle* vorbei. Hier lagerten seit ich denken konnte circa fünfzehn alte Autos, aus denen immer mal Ersatzteile ausgebaut wurden, wenn die sekteninternen Fahrzeuge kaputt waren. Jetzt sah ich durch die offenen Tore, daß die Halle leer war. Ein paar Tage später beobachtete ich Willi Malessa, den Baggerführer, der mit seinen Männern drei weitere Autos aus einem Kartoffelschuppen auf einen Hänger auflud und wegfuhr. Ich wußte, wen aus seiner Mannschaft ich fragen konnte, was denn mit den Autos aus der Halle geschehen war. Die Antwort: »Die müssen weggeschafft werden, weißt du das denn nicht? Das sind doch die Autos von den Vermißten!« ließ mir kalte Schauer über den Rücken laufen.

Dies war ein Thema, mit dem ich lieber gar nichts zu tun haben wollte. Jeder konnte sich denken, was mit den Autos passieren würde, wenn der Chef der Baggerfahrer, allein mit einem Truck, der vollbeladen war mit den Autos, ins einsamste Gelände der Kolonie fuhr. Aber die Frage, wo die dazugehörigen Fahrer waren, wagte ich zu dem Zeitpunkt nicht einmal mir selber zu stellen.

Auch entdeckten die eifrigen Beamten, daß die Schule jahrelang nicht der chilenischen Schulbehörde unterstellt war und daß die Kolonie, die ja den finanziell profitablen Status der Gemeinnützigkeit innehatte, auch nicht korrekt abrechnete. Immerhin bedeutete die Gemeinnützigkeit Zoll- und Steuerfreiheit, aber nun konnte nachgewiesen werden, daß Schäfer und seine Männer diese Freiheiten wirtschaftlich mißbraucht hatten.

Im täglichen Leben bedeutete das eine immense Veränderung. Wir wurden zwar nicht »enteignet« oder »verkauft«, weil Schäfer und seine fünfzehn engsten Mitarbeiter schon längst mit fünfzehn neugegründeten Scheinfirmen vorgesorgt hatten, aber jeden Moment mußte man darauf gefaßt sein, irgendwelchen Beamten auf dem Gelände zu begegnen, die Kisten wegschleppten und Unruhe verbreiteten.

Diese Beamten hießen bald intern nur noch die »Schweine«. Sie waren die Feinde, die es zu bekämpfen galt. Und Schäfer schaffte es wieder, die Gruppen hinter sich zu bringen. Durch die ständige Wiederholung der eigenen Stärke und der dazu entgegengesetzt handelnden Außenwelt wurde auch ich, wie alle anderen, wieder von einem Gemeinschaftsgeist erfaßt, der uns zu einer verschworenen Einheit verschmolz. Es gab regelrechte Wettbewerbe, wer die besseren Ideen hatte, Akten und Fotos, Waffen und technische Geräte vor den Beamten zu verstecken. Sie wurden im Eiskeller, in Getreidesilos oder in den Bienenstöcken versteckt oder gleich zu den Freunden der Kolonie, von denen es ja genug gab, außerhalb des Geländes gebracht.

Ich erfand für meine Fotos eine wasserdichte Box, die ich mir aus einer alten Konservenbüchse und Gummiabdichtungen bastelte, und versenkte diese an einer bestimmten Stelle im *Schwanenteich.*

Schäfer ließ am *Kinderhaus* und an der *Turbine* zwei riesige Container, mit denen einmal Güter aus Deutschland zu uns geschickt worden waren, vergraben und mit Luftzufuhr, Aircondition und einer Notausstattung als Verstecke für sich herrichten. An den Tagen, als der

Container am *Kinderhaus* in der Erde versenkt werden sollte, mußte ich mit ein paar anderen die Kinder zu einem Ausflug begleiten. Keiner sollte von Schäfers Verstecken etwas mitbekommen. Aber ich hatte noch gute Verbindungen zu den anderen Sprintern. Außerdem wurden in jenen Tagen auf dem Gelände überall Kisten mit Akten vergraben, und man tauschte sich über diese Vorgänge aus – allerdings heimlich.

Eines Tages belauschte ich Mitglieder der Eingreiftruppe um Karl Johann van den Berg, die ja alle an der Waffe ausgebildet waren und in den Monaten nach dem Putsch mit den Soldaten von General Pinochet für »Säuberungsaktionen« durch die Dörfer gezogen waren, wie sie lachten und die Dummheit der Polizisten und des Untersuchungsrichters, der das alles erstmalig möglich gemacht hatte, verhöhnten. Gerade hatten sie das gesamte Archiv der Sekte aus jenen Jahren verbrannt, die Polizei fand nur noch die leeren Aktenständer.

Nun begann Schäfer auch verstärkt damit, den chilenischen Freundeskreis der Kolonie zu aktivieren. Im Laufe der vergangenen Jahre hatte er ein Netz von Komitees in den umliegenden Dörfern gründen lassen. Die Komitees, deren offizieller Name »Asociaciòn nacional de Miembros y Amigos de la Sociedad benefactora y Educacional Dignidad« lautete, waren jene Familien, die schon zu Allende-Zeiten mit der Kolonie gegen die befürchteten »Landnahmen der Marxisten« gekämpft hatten. Durch viele Stricke waren sie an die Kolonie gebunden, der haltbarste war aber die gemeinsam begangenen Verbrechen in alten Zeiten und die wirtschaftlichen Hilfen, die man sich gegenseitig zukommen ließ. In den

Komitees saßen die Köpfe von Polizei und Gerichten ebenso wie von Kirche und Militär. Gerade hatten wir für die Heeresdivision von Subgeneral Magana Bau in der achten Region, immerhin 200 Männer, Ledergeschirre herstellen müssen, weiß, mit Wappen und allem Drum und Dran. Dafür hatte ich wochenlang Leder gefärbt, gepreßt und ausgeschnitten. Meine Hände waren völlig hinüber.

Als Dank für die natürlich kostenlose Lieferung an die Division ließ der Subgeneral unseren Chor einladen. Schäfer genoß es, noch einmal wie in früheren Tagen hofiert zu werden. Wir sangen unsere Marschlieder, bis auch den Chilenen, die ja unsere Sprache nicht verstanden, das Wasser in den Augen stand vor Begeisterung über uns tüchtige Deutsche. So stark war diese Begeisterung, daß Subgeneral Bau zwanzig seiner Männer zu uns in die Kolonie schickte, die monatelang mit im Chor ausgebildet wurden. So etwas Schönes wollte er auch haben.

Aber das war nur noch Schmiere, um bestehende Kontakte am laufen zu halten. Denn entscheidend war, daß die neuen Machthaber die Kolonie drankriegen wollten und Schäfer keine Verbindungen mehr zu ihnen hatte. Vorbei war die Zeit, als ein CSU-Politiker wie der Münchener Stadtrat Wolfgang Vogelsgesang die Kolonie besuchte und Schäfer ihm zu Ehren in einem pompösen Festakt 1982 eine »Wolfgangseiche« pflanzen ließ.

Oder als Frau Lucia Pinochet 1985 zur Eröffnung der »externen« Schule, die Schäfer für die Dorfbewohner bauen ließ, die Kolonie besuchte und mit viel Pomp gefeiert wurde. Ich weiß noch, wie sie im Vorbeigehen mir, der ich im Chor sang, übers Haar strich. Jetzt ließ Schäfer diese Schule aus Protest gegen die Schließung der eigenen Schule ebenfalls dichtmachen, obwohl hier bei uns ja offiziell keiner in diese Schule ging, seit Jahren schon nicht mehr. Sie war nur Attrappe für den Fall staatlicher Kontrollen. Aber wenn ein Baustein fällt, fällt die ganze Mauer. Dieser Spruch von Schäfer, das zeigte sich jetzt, stimmte.

Unsere täglichen Arbeiten wurden von immer neuen Gerüchten und Gegenaktionen beeinträchtigt. Zum zweiten Mal mußten wir in einen unbefristeten Hungerstreik treten – ich zum Glück nicht, weil ich in der Landwirtschaft gebraucht wurde und aufgrund meiner Schwäche durch die Tabletten wohl schon am ersten Tag umgefallen wäre. Mich guckten die Besucher im *Casino* an den folgenden Wochenenden jedenfalls so mitleidig an, als ob ich auch schon ganz ausgezehrt sei. Ich spielte natürlich damit und machte extra Grimassen, wenn ich zum Beispiel die schweren Bücher, die Schäfer hatte auslegen lassen und in denen er um Unterschriften warb, die die Kolonie unterstützten, von Tisch zu Tisch schleppte.

Der Hungerstreik mobilisierte die Presse aber nicht so sehr wie die Mahnwachen, die der Freundeskreis vor dem Haupteingang der Kolonie aufstellte. Monatelang kampierten einige Dörfler am Tor, malten emsig Schilder, die gegen die Schließung des Krankenhauses protestierten oder ganz allgemein die Wohltätigkeit der Kolonie priesen. Auch ließ Schäfer eine riesige Tafel aufstellen, auf der die Namen der Unterstützer der Kolonie angebracht waren. Dabei war nur die stationäre Behandlung dem Krankenhaus verboten worden, die ambulante Hilfe an zwei Tagen in der Woche bestand weiter. Bei unseren täglichen Gebeten trauten wir uns jetzt viel stärker als früher – Spitzel hin oder her – unsere Gedanken zu formulieren. Ich betete jeden Tag laut dafür, daß die Untersuchungen die Wahrheit ans Licht bringen mögen und die Feinde der Kolonie bestraft werden würden – das klang offiziell gut, und wen ich insgeheim damit meinte, wußte ja nur ich. Je schwächer Schäfers Kontrollen wurden, desto mehr traute ich mich. Längst war er nicht mehr jeden Samstag beim Duschen der *Keile* dabei, ließ sich oft von Onkel Rudi oder Helmut Seelbach vertreten, die dann unangenehm berührt auf dem Sessel in den Wasserdampfschwaden saßen, aber aufpassen mußten und nicht wußten, wo sie hingucken sollte.

Tag und Nacht saß Schäfer jetzt in der fertiggestellten *Neuen Küche* oder in seinem Büro neben Herrn Seewald und hielt Beratungen mit seinen Vertrauten ab – Gerd Mücke, Willi Malessa, Erwin Fege und dem Kronprinzen Hans Jürgen Riesland. Oft wirkte er dabei abwesend, bis Schwester Maria ihm wieder eine seiner Spritzen gab. Auf den Versammlungen stauchte er uns für Sachen zusammen, die mit den tatsächlichen Vorgängen nicht mehr in Relation zu stehen schienen. Eines Abends sollten wir Lieder erfinden, die unser Innerstes der Gemeinschaft deutlich machen sollten. »Laßt raus, was ihr erlebt!«, rief Schäfer den versammelten Männern zu, »und zeigt dem Herrn, wie es in eurem Innersten aussieht. Singt eure Gefühle heraus, und laßt unsere Freunde einfallen.« Na, wenn wir singen sollten, was wir hier erleben, würde es ein schräges Konzert geben. Jetzt ließ Schäfer die Introvertierten aufstehen und zwang sie, Melodien zu erfinden und zu summen. Keiner fiel in das magere Gesumme von Onkel Hartmut ein. Das verschlechterte Schäfers Laune beträchtlich. »Wenn du andere nicht mitreißen kannst, hast du was auf dem Kerbholz, Hartmut! Sag uns, was es ist! Nie teilst du dich der Gemeinschaft mit! Wir haben doch nichts gegen dich!«

Hartmut setzte sich und wischte sich den Schweiß von der Stirn. Er war ein harmloser Mann um die dreißig, der es in der Hierarchie nicht einmal in die *Heilsarmee* geschafft hatte. Ab und zu kriegte er »seine Tour«, so wurden seine Anfälle und Ausraster genannt.

Einige Wochen zuvor hatte er vor Übermut einen anderen Arbeiter am Bau in den Arm gebissen. Dieser Vorgang war Schäfer natürlich sofort gemeldet worden, aber er hatte darauf bisher nicht reagiert. Als ein Spitzel zum zweiten Mal Schäfer daran erinnerte, ich war an dem Tag gerade Sprinter, sagte er nur: »Schreib's mir auf!« und ging zu anderen Themen über. Auch eine später eingereichte, dritte Beschwerde hatte keine Wirkung. Ich merkte, daß Schäfer scheinbar wartete, bis er mehr gegen Hartmut in der Hand hatte.

Das fand ich höchst ungerecht, denn eigentlich war Hartmut ein fleißiger und umgänglicher Typ. Hier schien sich etwas zusammenzubrauen, was mit den Worten der Bibel, auf die Schäfer sich immer bezog, nicht zusammenpaßte. Zufällig hatte ich eine passende Bibelstelle im Kopf und beschloß, mich gut vorzubereiten und Hartmut, wenn ich könnte, zu verteidigen.

An diesem Abend nun piesackte Schäfer Hartmut immer weiter. Nun ließ er sogar die große Tafel hineinrollen, auf der er die Namen derer, von denen Vergehen gemeldet worden waren, aufschreiben ließ, um sie nicht zu vergessen und von der Gemeinschaft ächten zu lassen. Ganz oben stand Hartmut Zeitners Name, was mich aber viel mehr ärgerte, war, daß mein Name auch auf der Tafel stand, ohne daß ich eine Ahnung hatte, wieso. Ich stand auf. »Ja, *großer* Hans?«, fragte Schäfer ironisch.

»Mein Name steht an der Tafel, und ich weiß nicht, warum!«

»Wer hat Hans' Namen angeschrieben?«

Bernd Schafrick stand auf – einer von Schäfers *Jasagern*. »Ich, *Tio*. Ich habe vor vier Tagen Hans nach acht Uhr abends draußen im Hemd gesehen«, rapportierte er und setzte sich wieder hin. Ich seufzte. Es war in der Kolonie verboten, nach acht ohne Pullover draußen zu sein, da man sich eine Erkältung einfangen konnte, deren Behandlungskosten die Gemeinschaft schädigen könnte.

»Hans?«, fragte Schäfer.

»Ja, *Pius*. Bernd hat recht«, erwiderte ich und schaute Bernd böse an.

»Hans, dafür bist du der Gemeinschaft eine Wohltat schuldig!«, erwiderte Schäfer. »Bis zum nächsten Samstag schreibst du uns ein Gedicht über den Herrn und trägst es hier vor. Und für heute kommst du auf die Katzenbank!«

Jetzt fing ich an, mich wirklich zu ärgern. Zu Recht hatte Schäfer mich vorhin den *großen* Hans genannt. Ich fühlte mich mit meinen 25 Jahren schon sehr erwachsen. Jetzt sollte ich auf die Strafbank, auf die meistens die

Kinder kamen, wenn sie etwas ausgefressen hatten? Ich trollte mich nach hinten.

Kaum saß ich, stand Hartmut auf und fragte, wieso sein Name auf der Tafel stand. Darauf hatte Schäfer nur gewartet. Er fing an, Hartmut ins Kreuzfeuer zu nehmen, bot alle möglichen Zeugen auf und verwirrte ihn so sehr, daß er am Ende zugab, dem armen Kollegen viel mehr als diesen einen Biß zugefügt zu haben. Es war ein sehr leichter Sieg für Schäfer. Alle spürten, daß es ihm aber viel Spaß zu machen schien, gegen diesen ungleichen Gegner zu gewinnen. Gerade, als sich drei seiner Schläger erhoben, um Hartmut zu verprügeln, stand ich auf.

»Ich finde es ungerecht, was hier passiert!«, rief ich laut in den Saal. Alle schwiegen.

Schäfer schaute sich verblüfft um, als könne er nicht glauben, was er gerade gehört hatte. »Was hast du da gesagt?« Tonlos kamen die Worte aus seinem Mund. Ich richtete mich auf. In manchen Situationen bekam ich eine solche Wut, daß keine Angst vor Schäfers Brutalität, seinen Schlägen oder Spritzen mich hätte stoppen können. Dies war wieder so ein Moment.

»Ich bin dagegen, was hier passiert!«, wiederholte ich und ignorierte das anwachsende Gemurmel. »Onkel Hartmut hat sicher eine Strafe verdient. Sein Fehlverhalten ist aber schon vor vielen Wochen passiert! Keiner hat sich direkt danach darum gekümmert! Haben wir nicht die Regel, daß Verstöße direkt angegangen werden müssen?«

Das Gemurmel verebbte zu atemloser Stille. Keiner in der Versammlung hatte es je gewagt, Schäfer in dieser

Form zu kritisieren. Ich blieb überraschenderweise auch ganz ruhig, obwohl ich dachte, mein Herz zerspringt in tausend Stücke. Schäfer schaute zu seinen *Alten Herren*, scheinbar sprachlos. »Hans, wie kannst du meine Entscheidung ...«, fing er an. Darauf hatte ich nur gewartet.

»Entschuldige, *Pius*. Ich gehe nur darauf ein, weil du selber uns ja immer das Wort des Herrn gepredigt hast, das heißt: ›Sündigt einer an dir, so gehe hin und mache ihn darauf aufmerksam. Laß die Sonne nicht untergehen unter deinem Zorn.‹ Und du? Du beobachtest Hartmut über Wochen und sagtest zu Stipper und den anderen, die dich an seinen Fehler erinnerten, sie sollen abwarten. Du hättest ihn dir schon beim ersten Mal vorknöpfen sollen! Jetzt ist im Namen Jesu der Zeitpunkt verpaßt.«

Ich setzte mich wieder. Schäfer hatte sich während meiner Rede ebenso auf seinem Thron niedergelassen und betrachtete seine Hände. Hartmut saß auf seinem Platz und strahlte mich an, ich glaube, er hatte gar nicht verstanden, was genau passiert war, sondern war nur glücklich, daß mein Einwurf ihn vor Schlägen bewahrt hatte. Der *Pius* guckte auf. »Brüder, ihr habt gehört, was Hans uns in Erinnerung gerufen hat«, sagte er leise.

»Möchte ihm jemand darauf antworten? Hans glaubt, daß meine Entscheidung, Hartmut zur Ordnung zu rufen, weil er einen von uns grundlos tätlich angegriffen und schwer verletzt hat, unfair sei. Hans glaubt, daß der Herr nicht einverstanden sei mit meiner Entscheidung. Hans glaubt, daß die nötige Zeit, die ich brauchte, um mich neben all meinen anderen Pflichten, euer Leben hier sorglos zu gestalten, in den besonders schwierigen

Zeiten, in denen die roten Schweine schon vor den Toren stehen, um uns zum Teufel zu jagen, daß also meine sorgfältige Prüfung dieses Falls nicht angemessen war. Hans, du glaubst, ich würde hier falsche Entscheidungen fällen. Das kann doch wohl nicht dein Ernst sein, Hans? »

Er stand auf.

»Ist es nicht vielmehr so, Hans, daß du gekränkt bist, auf der Katzenbank zu sitzen? Oder« – er machte eine lange Pause – »hast du am Ende etwas ganz anderes mir sagen wollen, Hans? Was ist es, was du mir eigentlich vorwerfen möchtest, Hans? Ich spüre doch ganz genau, daß Du noch etwas anderes mit mir im Salz zu liegen hast.«

Seine Stimme donnerte durch den *Zippelsaal*. »Ich glaube eher, Hans, daß du mir etwas ganz anderes anhängen willst, einen Vorwurf an mich hast, der so schwer ist, daß du ihn hier nicht aussprechen magst. Ich werde später auf dich zurückkommen! Und jetzt zu dir, Hartmut. Du hast Hans gehört. Ich werde auch über dich noch einmal mit Onkel Mauk beraten. Ihr anderen, singt! Singt, um den Gestank der Lüge zu vertreiben!«

Schwer ließ er sich jetzt wieder auf seinen Thron plumpsen. Ich setzte mich auch wieder. Ich war ganz erstaunt. Daß Schäfer die Geschichte so enden ließ, war ja viel mehr, als ich erhofft hatte. Zwar zischten und geiferten viele Männer immer noch in meine Richtung, aber das sah ich gar nicht. Gerade hatte ich meinen ersten Sieg über Schäfer errungen, ohne dafür halbtot geschlagen oder gleich ins Krankenhaus gebracht worden zu sein. Ich mußte mir ein Lächeln verkneifen, als ich aufsah. Ja, Schäfer hatte Angst bekommen vor meinen Argumenten!

Gut, er hatte die Diskussion mit einer auf den ersten Blick diffusen Unterstellung beendet, von der aber jeder im Saal wußte, wie sie gemeint war: sexuell.

Jeder wußte, wozu die Sprinter bei Schäfer wirklich eingeteilt wurden. Es war für ihn leicht, mit unbestimmten Vorwürfen, die auf Vorgängen zwischen ihm und seinen Sprintern beruhten, die Versammlung zum Schweigen zu bringen und alle weiteren Ansätze einer Aufklärung zu unterbinden, denn sich in diesen Bereich einzumischen wagte keiner; mehr noch: Dieser Bereich war nicht vorhanden.

Sobald jemals eine Bemerkung kam, die irgendeinen Hauch von Anspielung innehatte, gefroren die Mienen, und jeder tat so, als habe er nichts gehört. So auch diesmal. Die Versammlung endete, ohne daß sich noch jemand mit mir beschäftigte. Beim Hinausgehen wurde ich zwar von einigen *Heilsarmisten* absichtlich angerempelt, aber ich fing auch einige bewundernde oder zumindest respektvolle Blicke auf. Ich wußte, daß keine Strafe, die noch kommen konnte, mich von meinem Weg würde abbringen können. Ich wollte mit Gottes Hilfe hier rauskommen, und zwar mit geradem Rücken, nicht nachts heimlich wie ein Hund. Ich würde es schaffen, egal, was sie noch mit mir vorhatten.

Colonia Dignidad, *Zippelsaal*, 1995

»Ruhe jetzt, alle zusammen! Setzt euch hin und nehmt die Messer in die rechte Hand, die Schoten in die linke! Und nun schneidet ihr sie an der Seite auf, holt die Äpfel raus, schält sie und werft sie in die Töpfe, die in der Mitte der Tische stehen!«

Genervt winkte ich ab. Vor mir wimmelten an die zweihundert Kinder im *Zippelsaal*, denen ich und ungefähr 25 andere *Heilsarmisten* und *Keile* gegenüberstanden. Unser Appell, die Kinder zum Erbsenpuhlen zu bewegen, zeigte keinerlei Wirkung. »Das ist auch Dragonerarbeit!«, schimpfte Tobyas neben mir. Er spielte darauf an, daß die Frauen sich um die Kinder kümmern sollten, und vergaß dabei, daß die Frauen genau wie wir die gleiche Menge chilenischer Mädchen beschäftigen mußten.

Seit Monaten schon wurde unsere Geduld durch eine stetig anwachsenden Anzahl von Kindern aus den umliegenden Dörfern auf die Probe gestellt. Schäfer hatte zusammen mit seinem *Freundeskreis* eine Aktion geplant, um das beschädigte Image der Kolonie zu verbessern: die *Juventud Permanente*. Jedes Wochenende und in den Schulferien durften alle Kinder aus den armen Familien der umliegenden fünfzig Dörfern die Kolonie besuchen, hier schlafen und spielen. Essen und der Besuch des Krankenhauses waren ebenfalls umsonst. Dafür mußten sie samstags mitarbeiten. Was so einfach klang, stellte uns vor große logistische und organisatorische Probleme. Gruppenleiter mußten eingeteilt werden, Spiele mußten erfunden werden. Toiletten für Jungs und Mädchen getrennt mußten gebaut, Versammlungsräume binnen einer Nacht zu Schlafsälen umgewandelt werden. Die Kinder wurden nach Alter und Geschlecht in Kleingruppen aufgeteilt und wollten permanent beschäftigt werden. Bisher waren Kinder ja in der Kolonie so getrennt verwahrt worden, daß die »normalen« Bewohner kaum etwas von ihnen mitkriegten. Jetzt waren sie plötzlich überall, und jedes Wochenende wurden es mehr. Gerade hatten wir die Sommerferien überstanden, in denen die Kinder wochenlang bei uns geblieben waren, und es war ein Wunder, daß es zu keinen schlimmen Unfällen gekommen war.

Aber die gute Nachricht, daß die Deutschen sich in der schulfreien Zeit um die Kinder kümmern wollten, ließen die Herzen von mehr und mehr gestreßten Eltern höher schlagen. Froh, die Last abgeben zu können, hätten viele Familien am liebsten ihre Kinder für immer bei uns abgegeben. Und als Dank für diese Erziehungshilfe schlugen sie Schäfer natürlich auch nichts ab, wenn er einmal einen Wunsch an sie hatte, wie zum Beispiel auf Kosten der Kolonie in Bussen nach Santiago zu fahren und vor dem Präsidentenpalast die Wohltätigkeit der Kolonie demonstrierend zu bekunden. Eine Hand wusch, auch hier, die andere.

Einigen Familien tat Schäfer einen noch größeren Gefallen; er sonderte beim samstäglichen Duschen nach und nach sechs chilenische Jungs aus, die auch während der Woche auf dem Gelände blieben. Sie schliefen zusammen, da sie ja nur spanisch sprachen und sich nicht so verloren vorkommen sollten, und unterstanden der besonderen Aufsicht Schäfers. Ich beobachtete dies nur am Rande, da ich seit Beginn des Jahres nicht mehr zu ihm gerufen worden war. Mein Leben hatte sich entscheidend verbessert, seit Schäfer sich mehr und mehr mit besonders treuen *Jasagern* umgab. Er hatte nur noch wenige Sprinter, die dafür auch einige Tage länger ihren Dienst verrichteten.

Zunächst hatte ich versucht, wieder eingeteilt zu werden. Ich wollte nicht auf die Privilegien verzichten. Ich hatte Angst, in der Hierarchie der *Heilsarmee* von dem immer noch niedrigen, aber immerhin nicht mehr letzten Platz wieder hinunterzurutschen, wenn herauskäme, daß Schäfer mich aus seinem engeren Zirkel gestrichen hatte. Daher begann ich, schlecht über andere Sprinter zu reden und zu lästern. Als ich in einer Runde von Sprintern einmal anzüglich bemerkte: »Naja, es sieht ja so aus, als würden nur noch die *Guten* jetzt drei Tage und länger drankommen«, erwartete ich eigentlich, daß jeder verstehen würde, daß ich den Ausdruck *die Guten* mit *die es nötig haben* gleichgesetzt hatte. Aber es trafen mich nur wütende Blicke. Keiner hatte Lust, in so eine Diskussion einzusteigen. Da sah ich ein, daß ich es nicht erzwingen konnte. Höchstwahrscheinlich war ich Schäfer einfach zu alt geworden.

Bei unserem letzten Mal schon schien er nicht mehr an sexuellen Aktivitäten interessiert, obwohl ich wie eh und je mit Schaum in den Augen unter seiner Dusche stand. Natürlich war ich ihm auch seit dem Zwischenfall vor einigen Jahren, als ich ihm zum ersten Mal öffentlich widersprochen hatte, immer weiter entglitten. Danach hatte ich mich auch geweigert, weiterhin zum Musikunterricht zu gehen, und kam damit durch. Natürlich bedeuteten diese Freiheiten auch, daß ich mich mehr und mehr von der Gemeinschaft isolierte. Aber einige der Jüngeren sagten mir, daß sie meiner Meinung wären und man nur darauf warten müsse, daß die Alten stürben, und dann würde man die Kolonie öffnen und ein schöneres Leben führen können.

Es hatte eben doch nicht gereicht, daß Schäfer die *Alten Herren* angewiesen hatte, mehr Paare in der Kolonie zuzulassen. Nach strengen Prüfungen wurden von ihnen Männer und Frauen ausgesucht und zueinandergeführt.

Meine Hauptarbeit bestand in diesen Wochen darin, mich am Wochenende abwechselnd um die Kinder zu kümmern oder im *Casino* zu arbeiten. Während der Woche war ich entweder in der Landwirtschaft tätig oder begann, mit den Baggerfahrern zu arbeiten. Ich wollte insgeheim Baggerführer werden, da dies ein Beruf sein müßte, der auch außerhalb der Kolonie mein Leben sichern könnte. Ich hatte mich schon mit ein paar der chilenischen Arbeiter angefreundet und begonnen, sie über ihr Leben in Parral auszufragen. Allerdings gelang das nur selten, und dann auch nur minutenweise. Schäfers Spitzel waren nach wie vor begierig darauf, sich durch Berichte bei ihm beliebt zu machen, auch wenn die Stimmen derer, die sein Handeln kritisierten, zu einem immer lauter werdenden Flüstern anschwollen.

Wir mußten die Razzien, die der Untersuchungsrichter angeordnet hatte, zwar fürchten, aber nach einem Besuch von General Pinochet im *Casino* vor wenigen Wochen, als er – plötzlich klein und alt geworden – mit Hartmut Hopp an einem der kleinen Tische am Rande des Zeltes vor mir saß, war ich wieder davon überzeugt, daß es Schäfer auch diesmal wieder gelingen würde, die Kolonie vor der feindlichen Außenwelt zu retten. Auch der ehemalige Geheimdienstchef Manuel Contreras war immer mal wieder plötzlich im *Casino* aufgetaucht, und wurde von Gerd Mücke und Ricardo Alvear zu Schäfer begleitet, um mit ihm die neuesten Entwicklungen zu besprechen. Die Schreinerei war ausgebucht, um neue Türen und Fenster für verschiedene Polizeistationen der Umgebung zu schreinern – umsonst natürlich.

Und jetzt der Coup mit den armen Bauernkindern – was sollte da noch schiefgehen? Die öffentliche Meinung mußte vor so viel Großzügigkeit auf Schäfers Seite schwenken.

Um so schockierter war ich, als ich eines Abends vom *Zippelsaal* in die *Alte Küche* ging, um zu sehen, ob Schäfer noch da war oder schon in der *Neuen Küche*. Ich hatte mir irgendeinen Vorwand ausgedacht, um dort hinzugehen, und war überrascht, als ich die Küche leer fand. Ein sechster Sinn befahl mir, in die Speisekammer zu gehen. Ich riß die Tür auf, und vor mir stand Schäfer, mit dem mir wohlbekannten Ausdruck im hochroten Gesicht, mit einem der kleinen Chilenen, die permanent in seiner Nähe waren, der mich mit heruntergelassener Hose aus erschreckt aufgerissenen Augen ansah.

»Entschuldigung«, sagte ich knapp und schloß die Tür. Ich ging zurück nach draußen.

Eigentlich hatte ich dieses Bild erwartet, trotzdem hatte es mich erschreckt. Der Junge war höchstens sieben Jahre alt. Ich wußte ja, was nun auf ihn zukommen würde. Was konnte ich tun? Gegen Schäfers Macht konnte ich nicht direkt angehen, dafür war er zu stark. Obwohl es mir besser ging, genügte ein Wink von ihm, um mich für den Rest meiner Tage in Dämmerschlaf zu versetzen. Nein, ich mußte planvoller vorgehen.

Ich wußte allerdings, wie genant Schäfer war. Es mußte für ihn eine Qual gewesen sein, bei Intimitäten beobachtet worden zu sein, selbst von mir. Ich nahm mir vor, sooft wie möglich in diese *Schäferstündchen* hineinzuplatzen, und hoffte, dadurch etwas mehr erpresserisches Material Schäfer gegenüber zu sammeln. Mein ganzes Leben hatte ich lernen müssen, daß derjenige gewinnt, der genug belastendes Material gegen andere sammelt. Jetzt verhielt ich mich ebenso.

Schäfer verriet am nächsten Tag mit keinem Augenzucken, daß ich ihn beim *Liebhaben* erwischt hatte.

Nun wußte aber auch keiner, daß nicht nur Schäfer aufpassen mußte, nicht beim *Liebhaben* erwischt zu werden, sondern auch ich. Ich war 28 Jahre alt und kurz davor, mich zum ersten Mal zu verlieben. In ein Mädchen. Das war verboten. Und daher kompliziert.

Alles begann im *Casino* der Sekte. Seit einiger Zeit beachtete ich Renate, die als Köchin arbeitete, mit anderen Augen. Mir fiel auf, wie schön sie sich zwischen den Pfannen und Töpfen bewegte. Ich mochte es, wenn ihre Stirn mit feinen Schweißtröpfchen übersät war. Ich wollte sie, sooft es ging, zum Lachen bringen, das Problem war nur, daß wir nicht miteinander lachen durften, geschweige denn sprechen. Die *Dragoner* und die anderen älteren Frauen achteten streng darauf, daß sich keine Paare bilden konnten. Unterhaltungen waren verboten. Ich war ja noch nie näher mit einer jungen Frau zusammengekommen und wußte daher auch nicht, wie ich es anstellen sollte, ihre Aufmerksamkeit zu erregen. Meine scheuen Blicke aber mußten ihr aufgefallen sein.

Eines Tages, als ich einen Büfettwagen mit Salaten aus der Küche rausfahren und verteilen sollte, kam sie zu mir, um noch einen Salat zusätzlich auf den Wagen zu stellen. Dabei berührten sich unsere Hände. Sie schaute mich an, lächelte und drehte sich wieder um. Ich wurde rot. Geistesabwesend klatschte ich den Gästen die Salatschälchen auf den Tisch, während in meinem Kopf immer derselbe Gedanke umherraste: Die Aktion eben war nicht nötig gewesen. Sie hätte das Schüsselchen gleich auf den Wagen stellen können. Daß sie es mir extra zutrug und dabei meine Hand berührte, mußte Absicht gewesen sein. Bei uns geschah nichts ohne Absicht. Ich war gespannt.

Beim nächsten Mal hatte Küchenchefin Molle Lunte gerochen. Sie beobachtete Renate schon eine ganze Weile, und als wir über einem Teller Schnitzel es wieder geschafft hatten, daß sich unsere Hände berührten, griff sie dazwischen und schob Renate weg. Da reichte es mir.

»Was soll das denn? Wieso nimmst du denn Renate den Teller weg? Wieso kann sie ihn mir nicht geben?«, rief ich streitlustig.

»Reni hat mich gebeten, sie zu beschützen, wenn du aufdringlich wirst«, gab sie schnippisch zurück.

»Moment mal, das stimmt doch gar nicht«, rief ich. »Das stimmt nicht! Nichts kann passieren, so taktvoll, wie wir beide uns hier benehmen! Was ist denn da dran, wie wir uns hier benehmen? Das hängt doch von mir ab, wie wir uns hier benehmen, und da will Renate sich drüber beschwert haben? Das glaube ich nicht!«

Renate hatte sich abgewandt. Ich weiß nicht, ob es ihr in diesem Moment paßte, daß ich so freimütig zugab, daß es zwischen uns einen wie auch immer gearteten Kontakt gegeben hatte. Aber das war mir jetzt auch egal. Ich wußte, daß ich nichts Unrechtes getan hatte und würde mein Verhalten verteidigen.

»Das hat nichts mit Renate zu tun! Du gehst nur dazwischen, weil's die Regelung ist!«, rief ich erbost durch die ganze Küche und ging dann zum Servieren hinaus. Als ich wiederkam, waren alle geschäftig über ihre Arbeiten gebeugt. Erst am Abend kam Tante Molle hinter mir her und sagte: »Hans, hör zu, du hattest recht, ich darf's aber doch nicht dulden.«

In dieser Nacht konnte ich nicht schlafen. Ich war aufgeregt und machte Pläne: Vielleicht würden Renate und ich uns ja anfreunden und eines Tages gemeinsam weggehen?

In den folgenden Wochen kamen wir uns immer näher. Der Höhepunkt war erreicht, als ich einmal Steaks aus dem Kühlhaus holen mußte. Ich griff gerade nach den Steaks, als sich die schwere Tür öffnete und Renate vor mir stand. Sie wollte etwas sagen, das sah ich ihr an, aber es kamen außer weißen Atemwölkchen keine Worte aus ihrem Mund.

»Renate, hast du dir ausgedacht, was du hier suchst?«,

fragte ich sie. Heute muß ich darüber lachen – oder weinen –, daß ich sie nicht genommen und geküßt habe. Aber das wäre mir damals nie in den Sinn gekommen. Es war klar, daß sie mir gefolgt war, weil sie mich mochte, darüber mußten keine weiteren Worte verloren werden. In der Situation war es viel wichtiger, einen plausiblen Grund liefern zu können, wieso wir beide im Kühlhaus herumlungerten, sollten wir dabei erwischt werden.

»Nein, äh, noch nicht«, erwiderte Renate lächelnd. Ich griff nach einer Schüssel und drückte sie ihr in die Hand. »Hier, die solltest du doch sicher holen«, sagte ich leise. »Ja, da hast du wohl recht«, sprach's und drehte sich um, um das Kühlhaus wieder zu verlassen. Ich blieb verwirrt zurück, aber nicht allzu lange, da ich dafür nicht richtig angezogen war. Jetzt war ich sicher, daß wir Freunde werden könnten. Ich verfluchte Schäfer dafür, uns Männern die Welt der Frauen so sehr vorzuenthalten. Es lebten sicher über 150 Frauen auf dem Gelände, und ich wußte praktisch nichts über sie! Was sie dachten, wie sie litten, was sie träumten ... Sie standen genauso unter dem Bann von Schäfer, nur daß er sich direkt überhaupt nicht mit ihnen beschäftigte. Für ihn waren sie nur die *Langhaarigen*, keine richtigen Menschen, so kam es mir manchmal vor. »Die Weiber haben in der Gemeinde zu schweigen«, sagte er einmal. Er hatte keinerlei Bezug zu ihnen, obwohl er sie durch seine Gefolgsleute genauso streng kontrollierte und bestrafte wie uns. Und die Rolle seiner Ehefrau Maria war wohl nie mehr als die einer Krankenschwester.

Bei einer unserer nächsten heimlichen Zusammenkünfte, die nie länger als ein paar Minuten dauerten, sagte Renate: »Ich bewundere sehr, wie du alles durchgekämpft hast. Ich habe nicht so viel Mut.«

Das war damals das Schönste, was je ein Mensch zu mir gesagt hatte. Ich erzählte ihr im Gegenzug, daß ich die Kolonie verlassen wollte, um mir ein eigenes Leben aufzubauen, und bat sie, mitzukommen. »Man kann sich nie darauf verlassen, was einem hier versprochen wird. Ich will nicht warten, bis ich alt und schwach bin. Und ich würde mir wünschen, dieses Leben mit dir zusammen zu gestalten! Außerdem möchte ich eine Familie mit vielen Kindern haben und mich auch darum kümmern und nicht wie hier jeden Tag von morgens bis abends vollgestopft werden! Mehr Freiheit und mehr Rechte! Das ist doch nicht zuviel vom Leben verlangt, oder?«

Renate schaute zu Boden. Vielleicht hatte sie noch nicht mit einer derart detaillierten Lebensplanung von meiner Seite aus gerechnet? »Hans, gerade habe ich mir den Kontakt zu meinen Eltern wieder aufgebaut. Ich kann hier nicht weg.«

Da hatte sie recht. Im letzten Jahr hatte Schäfer eine Annäherung der Familien untereinander erlaubt. Das hing mit der Flucht von Helmut Baar und dem Ehepaar Packmoor zusammen. So konnten die leiblichen Eltern und ihre Kinder stundenweise zusammenkommen. Ich hatte diejenigen sehr beneidet, die davon Gebrauch machen durften, da von meiner Familie ja keiner auf dem Gelände zu leben schien. Der Traum, mit Renate ein gemeinsames Leben aufzubauen, war geplatzt.

Bald darauf stellte Schäfer der Öffentlichkeit seine Pläne vor, ein Internat für chilenische Kinder zu bauen. Wir wußten, daß es eine reine Inszenierung war, denn intern hatte die Kolonie gar nicht das Potential, auch während der Woche die Betreuung der Kinder zu organisieren. Es war aber ein geschickter Schachzug von Schäfer, der umringt war von den Vertrauenspersonen der einzelnen Komitees, als die Kinder, jeweils mit den Fahnen ihrer Dörfer, in einem langen Zug einmarschierten und dabei unsere Lieder sangen, die wir ins Spanische übersetzt hatten. Dazu waren sie in den von unseren Frauen genähten grünen Hosen und Jacken nett anzuschauen. Auf den neuen Schals prangte ein Emblem, das eine Flamme zeigte, die von Kinderhänden davor geschützt wurde, ausgeblasen zu werden. Ja, Schäfer ließ sich sein besonderes Engagement für Kinder etwas kosten.

Jedes Komitee hatte pro Dorf einen Mann für die Jungen und eine Frau für die Mädchen abgestellt, die nach geeigneten Kindern suchen sollten, um sie zur Koloniebetreuung mitzunehmen. In der Kolonie wiederum waren viele für den reibungslosen Ablauf verantwortlich, nur die sechs ständig bei uns lebenden Jungen hatten feste Tagesmütter, die für sie verantwortlich waren.

Wir trafen uns jeden Freitagabend, um Pläne für das Wochenende zu machen. Schäfers einzige Vorgabe lautete: *Ora et labora,* bete und arbeite. Das war allerdings etwas zuwenig, um Hunderte von Kindern bei Laune zu halten. Viele waren ja auch widerspenstig, hatten keine Lust, sich an den Arbeiten zu beteiligen, oder stritten miteinander. Ich hatte immer das Gefühl, daß man mir die besonders schwierigen Gruppen zuteilte. Denn jedesmal, wenn ein Kind wieder etwas kaputtgemacht hatte oder etwas gestohlen wurde, lag die Schuld bei mir, die ich dann mit Mehrarbeit ableisten mußte.

Da die Kinder für viel Unruhe sorgten, fiel es keinem auf, daß ich immer öfter ins Büro von Herrn Seewald ging, der neben dem Verleih von erlaubten Büchern an uns die Aufgabe hatte, die Zeitungen auszuwerten und alles, was über die Kolonie geschrieben wurde, auszuschneiden und abzuheften.

Er war ein netter Mann, der sich über mein wachsendes Interesse an deutschen Gedichten erfreute. Oft kam ich zu ihm und fragte ihn nach dem Sinn bestimmter Textstellen, was er mir gern beantwortete. Dabei mußte er immer wieder nach hinten gehen, um etwas zu holen oder die Textstelle nochmals nachzulesen. Diese Sekunden waren mein eigentlicher Grund, ihn hier zu besuchen: Immer lagen aufgeschlagene Ordner und Zeitungen herum, von denen ich immerhin die Überschriften erhaschen konnte.

Zu Anfang hatte Herr Seewald noch stets die Ordner zugeschlagen, wenn ich sein Büro betrat, aber inzwischen vertraute er mir und ließ alles offen herumliegen. So konnte ich einige wichtige Informationen von »draußen« direkt bekommen.

Ein weiterer Meilenstein meiner schrittweisen Befreiung war die Nacht, in der mein Bewacher für die Nächte abgezogen wurde. Zum ersten Mal seit 28 Jahren hatte ich nun ein Zimmer für mich allein! Ich gab weiterhin vor, meine Tabletten zu nehmen, und hatte mich bei der Kinderarbeit wohl gut gemacht, so daß ich es wagen konnte, manchmal nachts aufzustehen und zur Garage hinüberzulaufen. Dort kletterte ich in einen Lastwagen und hörte heimlich Radio. Die Nachrichten öffneten meinen Horizont. Vieles verstand ich zwar nicht, weil mein Spanisch schlecht war und ich auch inhaltlich nicht viel mit den Informationen anfangen konnte, aber sobald es um Innenpolitik ging, konnte ich folgen. Zweimal wurde ich dabei beinahe erwischt, aber ich konnte mich damit herausreden, verbotenerweise Jazz gehört zu haben. Das wurde lediglich mit warnenden, jedoch amüsierten Ermahnungen geahndet. Ich war wohl endgültig zu alt für Bestrafungen geworden.

Außerdem war es mir mittlerweile oft gelungen, Schäfer in flagranti zu erwischen. Ich kannte seine Rituale und wußte nur zu genau, wann er was gerne tat. So fiel es mir leicht, immer *zufällig* hineinzuplatzen, wenn ich ihn wieder mit dem kleinen Christobal oder anderen Kindern sah, bevor er mit ihnen im Auto davonfuhr oder in ein Gebäude ging, um sie dort zu mißbrauchen. Schäfer funkelte mich dann zwar böse an, verlor aber darüber niemals ein Wort.

An einem sonnigen Nachmittag, ich hatte gerade meine Arbeit erledigt und wollte zum Umziehen in den *Salon,* kam ich am *Freihaus* vorbei und wurde Zeuge einer erstaunlichen Szene.

Diese Szene war, wie sich später herausstellte, der Anfang von Schäfers Ende.

Santiago de Chile, 1. November 2002

Ich wandte mich vom Schaufenster, hinter dem das rote und das blaue Auto funkelten, ab und betrat den Laden. Er war düster und klein, ein verhutzeltes Männchen verkaufte mir die beiden Fahrzeuge, die mich als Glücksbringer in meinem neuen Leben von heute an begleiten sollten.

Unschlüssig stand ich danach auf dem Bürgersteig und wandte mich nach rechts und links: Diese Stadt war um so viel größer als alles, was ich bisher gesehen hatte! Ich bog auf die *Alameda,* die Prachtstraße Santiagos, ein. Oft hatte Schäfer uns Filme gezeigt von dem ruhmreichen Putsch General Pinochets gegen den linken und von Schäfer gehaßten Präsidenten Allende. Diese Straße war Schauplatz vieler Freudendemonstrationen nach dem 11. September 1973. Bald schon stand ich staunend vor dem Präsidentenpalast, in dem sich Allende verschanzt hatte. Nur Bombenabwürfe brachten ihn damals dazu, aufzugeben und sich selber zu erschießen, bevor er von seinem verräterischen General gestellt werden konnte.

Aber ich vergaß mich. Mein Ziel war ja, meine Schwestern ausfindig zu machen. Über den Friedhofsgärtner, der in Cattillo das Grab meiner leiblichen Eltern versorgte, hatte ich eine Adresse bekommen. Sie stellte sich als eine herrschaftliche Villa in einem Außenbezirk Santiagos heraus. Ich war den ganzen Vormittag gewandert, jetzt klingelte ich erschöpft. So eine große, verzierte Eingangstür hatte ich noch nie gesehen. Fachmännisch beurteilte ich die geschmiedete Sicherheitstür davor, als Schritte erklangen und eine sehr elegante Dame öffnete.

Sie schaute mich abweisend an. »Ja bitte?«, fragte sie. »Entschuldigung, ich suche Elisa Rosa Morales Norambuena«, sagte ich.

»Wer sind Sie denn? Was wollen Sie von Elisa?« Zweifelnd musterte sie mich.

»Sagen Sie ihr bitte, José Efraín ist hier«, antwortete ich. »Moment«, entgegnete sie und verschwand. Mein Name schien ihr nichts zu sagen. Ich hörte sie in einem hinteren Teil des Hauses rufen, dann kam sie mit einer jüngeren Frau zurück, die ein graues, einfaches Kleid anhatte. Meine Schwester! Mein Herz schlug bis zum Hals.

Die elegante Dame blieb im Halbdunkel der Eingangshalle stehen, die jüngere näherte sich dem Gitter. Ich schluckte. »Elisa? Ich bin's, José Efraín, dein Bruder!« Sie stieß einen leisen Schrei aus. Mit zitternden Fingern öffnete sie das Eisengitter und fiel mir, nach kurzem Zögern und einem prüfenden Blick, um den Hals.

»Efraín? Das ist doch nicht möglich!« Sie wandte sich um. »Madam, das ist mein Bruder. Er war verschollen. Er …« Sie brach ab und wandte sich wieder mir zu. »Efraín, ich kann dir nicht sagen, wie sehr ich mich freue. Aber im Moment muß ich arbeiten. Ich gebe dir die Adresse von deiner Schwester Alicia. Sie arbeitet nicht weit von hier, und vielleicht können wir alle uns heute nach Feierabend treffen.«

Ich nickte. Irgendwie war ich enttäuscht, daß die Begrüßung so undramatisch ablief. Ich schrieb mir die Adresse von Alicia auf und ging, nicht ohne noch vorher meine Schwester gedrückt zu haben. Beide Frauen standen an der Tür und schauten mir nach, als ich das Grundstück verließ.

Alicia arbeitete auch als Haushaltshilfe bei einem reichen Ehepaar, soviel hatte Elisa mir schon verraten. Als ich die angegebene Adresse erreichte, parkte gerade die Dame des Hauses in der Auffahrt. Sie hatte die beiden Kinder von der Schule geholt. Ich näherte mich ihr und erklärte, wer ich sei und was ich wollte. Ich kam nicht dazu, weiterzusprechen.

»Oh mein Gott, du bist Efraín? Aus der Colonia Dignidad? Du lebst?«, rief sie und begann auf der Stelle zu weinen. Ich wurde sofort von ihrer Stimmung angesteckt.

»Ja, ich lebe. Und heute werde ich zum ersten Male meine Schwester sehen«, deklamierte ich. Die Madame zog mich mit ins Haus. Es war genauso prächtig wie das andere.

»Alicia, Alicia«, schrie sie. »Komm, Kind, komm schnell! Du hast Besuch!«

An der Tür zum Nachbarzimmer erschien eine Frau. Sie trug eine Schürze und schlug bei dem Anblick ihrer weinenden Chefin, die mich am Arm hinter sich herzog, die Hand vor den Mund. Aber der Blick einer Millisekunde reichte mir: Das war meine Schwester. Genauso hatte ich sie mir vorgestellt. Sie hatte große Ähnlichkeit mit mir.

Ich versuchte zu sprechen: »Alicia, ich … ich bin wieder da«, und schon lagen wir uns weinend in den Armen. Im Hintergrund weinte die Hausherrin, ein Hund bellte, und vor lauter Schreck weinte ein kleines Kind gleich mit.

»Efraín, ich habe nie die Hoffnung aufgegeben, daß du noch lebst! Laß dich anschauen! Wie geht es dir? Was machst du? Seit wann bist du in Santiago?« Alicia konnte sich gar nicht mehr beruhigen. Fragen über Fragen sprudelten aus ihr heraus.

Erst als Madame den Vorschlag machte, Tee zu kochen und sich im Wohnzimmer zu setzen, verstummte sie, strich sich über die Haare und sagte: »Ja, Sie haben recht. Wir haben noch viel Zeit, alles zu besprechen. Ich mache jetzt Tee, dann erkläre ich dir, wie du zu meiner Wohnung kommst. Hier ist der Schlüssel, wenn ich fertig bin, komme ich nach Hause, und wir reden weiter.« Sie strahlte mich an. Ich war glücklich. Zum ersten Mal in meinem Leben hatte ich eine Familie.

Colonia Dignidad, Frühling 1996

Die folgenden Wochen waren die schlimmsten, die die Kolonie je erlebt hatte. Es stellte sich heraus, daß Christobal seiner Mutter von dem, was Schäfer mit ihm anstellte, erzählt hatte. Die Mutter war Präsidentin des Komitees ihres Dorfes und konnte zunächst nicht glauben, was ihr Sohn ihr erzählte. Aber Christobal war in einer *freien* Welt großgeworden und wußte schon mit sieben, acht Jahren, daß das, was Schäfer da mit ihm machte, verboten war. Ich war mehr als zwanzig Jahre älter und wußte bis zu diesen Wochen nicht einmal, was die Worte *schwul* oder *sexueller Mißbrauch* bedeuteten.

In der Kolonie wurde nie über diesen Vorfall offen gesprochen, aber es gab in diesen Tagen kein anderes Thema. Jeder wußte irgend etwas, die Presse stand vor dem Tor, und nachts im Radio kamen immer wieder Meldungen.

Christobals Mutter wußte sich nicht mehr zu helfen. Ihr Mann glaubte dem Jungen nicht, er war, wie fast alle, von der Wohltätigkeit der Kolonie und besonders von Schäfer überzeugt. Da wandte sie sich an den Präsidenten aller Komiteepräsidenten, den Chef des gesamten Freundeskreises der Kolonie, Pastor Adrian Bravo, und berichtete ihm von den ungeheuren Vorwürfen, die ihr Sohn gegen den mächtigen Deutschen hervorgebracht hatte. Pastor Bravo war ein enger Freund Schäfers, aber noch enger war seine Bindung zu Gott. Er war selber Vater, und nach einigen Tagen, in denen er den Fall und sein Gewissen so unauffällig wie möglich geprüft hatte, wandte er sich an den Geheimdienst mit der Information, daß in der Colonia Dignidad chilenische Kinder mißhandelt und mißbraucht würden. Die Mutter von Christobal erstattete Anzeige, und zum ersten Mal in der Geschichte der Kolonie gab ein Sondergericht dieser Anzeige sofort statt, ohne daß die Spitzel von Schäfer, die in der Justiz saßen und sonst jede Bewegung rechtzeitig meldeten, ihn vorher hätten warnen können.

Bei chilenischen Kindern verstand der Staat keinen Spaß. Jetzt war die Gelegenheit gekommen, sich der Kolonie, dieses Relikts aus der Pinochetzeit, endgültig zu entledigen.

Schäfer war, kurz bevor die Polizei auf das Gelände kam, von seinem Sicherheitschef Erwin Fege durch die *Alte Küche* zu seinem unterirdischen Container gebracht worden. Alle ausgebildeten Bewohner waren dazu aufgerufen, Waffen zu tragen, der Polizei aber keinen Widerstand entgegenzusetzen. Tagelang ließ Schäfer sich nicht blicken. In dieser Zeit kam die Polizei mehrmals, um auch die anderen Jungen, die mit Christobal in einem Zimmer gewohnt und von Schäfer mißbraucht worden waren, abzuholen. Bei einigen von ihnen kamen sie allerdings zu spät: Die Tageseltern, die in der Kolonie für sie verantwortlich waren, waren auf Geheiß Schäfers schon längst mit ihnen bei Freunden außerhalb des Geländes untergetaucht. Das war aber nur ein zeitlicher Aufschub, denn die Polizei ermittelte in diesen

Fällen gründlich, und das einzige Resultat dieser Aktion war, daß nun auch die Tageseltern und deren Helfer sich vor der Justiz würden verantworten müssen. Aber da die Sekte, wie immer stolz erzählt wurde, bisher noch nie einen ihrer diversen Prozesse in Chile oder Deutschland verloren hatte, machten sie sich bestimmt keine großen Sorgen. Das Netzwerk schien noch stabil zu sein.

Als die Polizei Jaime abholen wollte, stand ich am Eingang des *Zippelsaals*. Ich hatte gerade meine Mittagspause beendet und drückte mich sooft es ging hier herum, um möglichst viel von dem aufzuschnappen, was passierte.

Wir waren alle hin- und hergerissen. Die Hälfte der Bewohner glaubte Schäfer, der wie eh und je von bösen Mächten predigte, die der Kolonie den Garaus machen wollten. Die andere Hälfte wußte sehr wohl, daß die Vorwürfe begründet waren, nahmen aber Schäfer noch in Schutz: Nur, weil er so unvorsichtig war, sei der ganze Ärger entstanden. Schuld an allem seien die verflixten Jungs mit ihren aufreizenden Blicken. Ich konnte es nicht fassen: Kaum jemand sah die Schuld bei Schäfer selber. Kaum einer der über 250 Bewohner hatte noch die Kraft oder den Mut, Ursache und Wirkung auseinanderzuhalten. Oder sah ich Gespenster?

Der eigene Vater von einem der Jungen wollte nicht, daß dieser die Kolonie verläßt. »Nein, meine Liebe«, schrie er seine Frau an, »Jaime soll hier bleiben! Wie kannst du an dem *Tio* zweifeln, nur weil einigen Jungs die Phantasie durchgegangen ist? Die haben zuviel Fernsehen geguckt!«

Seine Frau schaute ihn stumm an. Derweil brachten Polizisten den kleinen Jaime, der sich verzweifelt wehrte und schrie: »Ich will hier nicht weg! Laßt mich los! Ich will zu Onkel Paul! Ich will zurück zu meinen Freunden!«

»Siehst du, was du angerichtet hast?«, zischte der Vater seiner Frau zu. »Nicht nur, daß Du unser Ansehen im Dorf zerstörst! Nicht genug, daß uns die Präsidentschaft des Komitees aberkannt wird! Nie mehr werden wir jetzt nach Santiago eingeladen! Das Krankenhaus dürfen wir jetzt auch nie mehr betreten! Nicht genug, daß wir jetzt ein Maul mehr zu stopfen haben zu Hause! Nein, auch dem Jungen reißt du das Herz heraus! Er will hierbleiben!«

Die Mutter begann zu weinen. »Ich habe hier mehr Freunde als bei euch!«, heulte Jaime weiter. »Hier gibt es Spielsachen! Ich bekomme eine gute Erziehung! Ich …« Der Rest ging unter, da ihn der Polizist kurzerhand in das Auto geschubst hatte, das mit allen an dem Drama Beteiligten wegfuhr. Ich konnte mir trotz der Dramatik ein Lächeln nicht verkneifen. Zu deutlich hatte ich in den Worten des Jungen Schäfers Wortwahl entdeckt. Selbst für diese Situation hatte er den Kleinen noch vorbereitet, so, wie er ja auch seit Monaten die Aussagen für alle schrieb, die vor der Polizei aussagen mußten.

In den nächsten Tagen wurde Schäfer immer wieder rechtzeitig vor den Razzien gewarnt. Die Polizei durchsuchte mehrmals das gesamte Gelände. Einmal kamen sie sogar nachts, aber da Erwin Fege einen Bereitschaftswagen an der *Neuen Küche* parkte, der ohne Licht fuhr, da er mit Nachtsichtgeräten ausgestattet war, konnte Schäfer in seinen Container an der Turbine abtauchen. Ein anderes Mal hätte die Polizei ihn beinahe erwischt, Schäfer stand im Fahrstuhl, als er gestellt wurde; der Polizist hätte nur zu schießen brauchen. Aber das hat er sich dann wohl doch nicht getraut.

Der Skandal weitete sich aus. Jede Nacht hörte ich jetzt im Radio das neuste über den Kindesmißbrauch. Es gab auch Stationen, die immer noch positiv über die Kolonie berichteten, allerdings nur die, deren Senderchefs seit Jahren gern gesehene Gäste auf unserem Gelände waren.

Langsam konnte ich einschätzen, was hier eigentlich in den ganzen Jahren für Verbrechen passiert waren. Ich wußte ja selber, was Schäfers Handlungen bei mir angerichtet hatten, aber jetzt wurde ich stolzer und stolzer, wenn ich die Experten im Radio von den Folgen so eines Mißbrauches reden hörte, denn ich kam mir nach dem, was ich alles erlebt hatte, ganz stabil vor, wenn man von meinen Gedächtnisschwächen durch die Tabletten einmal absah.

Vor den Toren wurde jetzt immer mehr gegen den deutschen Sexverbrecher demonstriert. Die Unterstützung der Kolonie, der Freundeskreis, begann zu bröckeln. Einer nach dem anderen wandte sich jetzt ab, da die Öffentlichkeit die Wahrheit über die wohltätigen Deutschen erfuhr. Irgendwann ließ Schäfer eine riesige Gedenktafel mit den Namen der Unterstützer still und leise abreißen.

Davor aber wandte er noch mal einen Trick an, um die öffentliche Meinung zu manipulieren, und ließ von uns einen großen Trauerzug der Wochenendkinder organisieren. Plakate mit Schäfers Foto wurden gedruckt, und fast 400 Kinder formierten sich auf dem Gelände, um an das Tor zu ziehen und religiöse Lieder zu singen. Den Kindern wurde gesagt, daß er durch die ganze Aufregung krank geworden sei und daß alle für ihn beten sollten, damit sie weiterhin in die Kolonie kommen dürften. Da begannen viele der Kinder zu weinen. Die eigentliche Absicht war, die Kinder davon abzuhalten, auch ins feindliche Lager überzulaufen. Viele hätten Geschichten vom gemeinschaftlichen Duschen und anderen Übergriffen erzählen können, das wollte Schäfer mit allen Mitteln vermeiden. Manchmal tauchte er auch jetzt bei den Kindern auf und ließ sich mit Sprüchen wie »Der König ist wieder da« feiern.

Aber die Anzahl der kleinen Wochenendgäste schrumpfte und schrumpfte. Die Eltern hätten zwar gerne weiterhin freie Wochenenden gehabt und waren hauptsächlich deswegen auch böse auf Schäfer, aber bei einem Kinderschänder wollte man seine eigenen Kinder doch nicht wissen. So endete die große PR-Aktion kläglich.

Bei den Versammlungen wurde davon nie gesprochen. Es ging um Feinde, die es kurzzeitig geschafft hätten, mit aus der Luft gegriffenen Vorwürfen die Kolonie zu beschädigen, aber bald schon würde die göttliche Wahrheit ans Licht kommen und dies alles als eine Intrige der linken Regierung entlarven.

Hinter vorgehaltener Hand sprachen die meisten Bewohner aber eine andere Sprache: Fast jeder war wütend auf Schäfer.

»Wir hätten gern die chilenischen Kinder weiter betreut, aber Schäfer hat uns das versaut«, war die gängige Meinung. »Von allen Wohltaten, die wir den armen Kindern zukommen ließen, bleibt nun nichts übrig, nur die Übergriffe auf die sechs bleiben haften.« Das wurde als große Ungerechtigkeit empfunden.

Schäfer begann nun, noch stärker als vorher, sich von denjenigen zu trennen, die ihm gefährlich werden könnten. Er reduzierte die Anzahl derer, die mit ihm in direkten Kontakt treten durften, auf drei Sprinter, die Leibwächter, einen Fahrer, eine Krankenschwester und die *Alten Herren*.

Im Laufe des Jahres zeigte sich, daß die jüngeren Bewohner wie ich auf einen Neuanfang nach der Ära Schäfer hofften, die älteren aber ohne Schäfer keine Vorstellung von der Zukunft hatten. Eine Welt, in der sie auf sich selbst gestellt wären, lag jenseits ihrer Vorstellungskraft. Sie konnten nur als Kollektiv existieren und waren sich klar, daß dies *draußen* nicht möglich sein würde.

An den Versammlungen nahm Schäfer kaum noch teil; er lebte komplett abgeschottet und versteckt. Ich war ganz gut mit einem seiner Sprinter, Tobyas, befreundet und bekam so immer mal wieder einige Häppchen an Informationen.

Inzwischen war ich mitten in meiner Ausbildung als Baggerfahrer. Mit Tobyas sprach ich oft über eine Flucht, die ich aber gut vorbereiten wollte. Ich hatte schon einige geflohene Bewohner, wenn sie pleite waren, mit hängendem Kopf wieder in die Kolonie einfahren sehen. Das sollte mir nicht passieren. Tobyas war da anderer Meinung. Er plante nicht, sondern wollte auf eine Chance warten. Wenn die sich ergebe, würde er weitersehen. Wir verabredeten, den anderen jeweils von etwaigen Fluchtplänen zu informieren. Zu zweit ist man stärker als allein.

Santiago de Chile, 1. November 2002

Dieser Abend in der Wohnung von Alicia war der glücklichste in meinem ganzen bisherigen Leben. Sie und Elisa kochten, und ich mußte erzählen, erzählen und erzählen. Es stellte sich heraus, daß Elisa bei meiner Geburt im Haus meiner Eltern dabeigewesen war. Also stimmten die ganzen Geschichten nicht, daß ich ein Findelkind war, daß meine Eltern tot waren und all das andere, was mir in der Kolonie erzählt worden war. Ich erfuhr, wie meine Eltern immer wieder versucht hatten, mich aus dem Krankenhaus herauszubekommen, und daß schließlich das Nervenleiden meiner Mutter so schlimm wurde, daß die Familie es als besser entschied, wenn ich in der Kolonie aufwachsen würde anstatt zu Hause. Ich erfuhr, wie es meinen Geschwistern ergangen war und erzählte von mir und meinen schrecklichen Jahren hinter dem Zaun. Ich erzählte von den Drogen und den sexuellen Übergriffen Schäfers. Ich erzählte von den Schlägen, den Autos der Vermißten und der immerwährenden Arbeit. »Efraín, das mußt du alles dem Geheimdienst erzählen! Das ist ja Dynamit!«, flüsterte Elisa.

»Nein, denen erzähle ich gar nichts«, erwiderte ich.

»Ich werde von denen ausgepreßt wie eine Zitrone und habe dann nichts davon. Erst mal will ich arbeiten, mir eine eigene Existenz aufbauen. Dann sehen wir weiter.«

»Du kannst solange hier wohnen, wie du willst«, bot mir Alicia an, »hier hat schon lange kein Mann mehr gewohnt.« Ich nahm das Angebot dankend an.

In den folgenden Wochen genoß ich die für mich bisher unvorstellbare Freiheit, meinen Tagesablauf selbst zu bestimmen. Ich sah mir die Stadt an, lernte Menschen auf der Straße kennen und bewarb mich für einfache Arbeiten. Da ich keine Schulausbildung hatte, kamen viele Jobs für mich nicht in Frage.

Nach einem halben Jahr waren meine gesamten Ersparnisse verbraucht. Alicia versuchte mich zu überzeugen, mit dem Geheimdienst in Kontakt zu treten, aber das wollte ich nicht. Ich war per Internet noch immer mit meinem Freund Siegfried aus der Kolonie in Kontakt, der mir manchmal heimlich Nachrichten schickte.

Durch vielerlei Kontakte bekam ich dann das Angebot, im Norden Chiles als Bewacher einer Ferienanlage zu arbeiten. Das war mir sehr recht, denn ich konnte meiner Schwester nicht länger auf der Tasche liegen. Ich war auch froh, wieder eine neue Stadt kennenzulernen. Auch mein Job gefiel mir sehr gut. Ich war noch keine Woche dort, als ich abends einen Anruf bekam – vom Geheimdienst. Meine Schwester hatte denen meine neue Nummer gegeben, und jetzt wollten sie ein Treffen mit mir vereinbaren. Ich zögerte. Fieberhaft überlegte ich, ob ich mich überhaupt auf eine Aussage einlassen sollte oder ob es nicht besser sei, zu schweigen und darauf zu hoffen, daß die Kolonie von sich aus den rechten Weg findet. Ich hatte in den letzten Wochen allerdings so schöne Dinge gesehen und so viele Lebensgeschichten gehört, die glücklich, ohne Zwang und Arbeit verliefen, daß in mir eine starke Verbitterung wuchs, warum gerade ich fünfunddreißig Jahre von der angenehmen Seite des Lebens abgeschnitten worden war.

Eigentlich sollte die Kolonie noch viel mehr dafür bezahlen. Da ich ohne Ersparnisse von meinem kümmerlichen Gehalt keine Existenz würde aufbauen können, gab ich auch daran der Kolonie die Schuld und beschloß, der Führungsclique eine Nachricht zukommen zu lassen, in der ich um finanzielle Unterstützung bat. Ich wollte einen finanziellen Ausgleich für all die Jahre, die ich gearbeitet hatte, aber nie Lohn erhalten hatte. Die Antwort war ein Angebot, die Produkte der Kolonie verkaufen zu dürfen und vom Erlös einen kleinen Anteil als Lohn zu bekommen. Das schlug ich aus. Ich wollte doch nur einen Bruchteil von dem, was mir ohnehin zustand. Hatte ich Millionen von Pesos verlangt? Hatte ich Schweigegeld verlangt wie andere Mitglieder der Führungsclique?

Jetzt war ich bereit, mich mit dem Geheimdienst zu treffen.

Colonia Dignidad, 1997

In gedrückter Stimmung feierte die Kolonie in diesem Sommer das Fest ihres 36jährigen Bestehens. Der Festakt wurde vor den Toren der Kolonie zelebriert, um Transparenz und Offenheit zu demonstrieren. Acht Razzien hatte Schäfer überstanden, ohne erwischt worden zu sein. Seine Verbindungen zur Polizei in Parral waren so gut wie eh und je. Am Morgen nach dem Fest verbreitete sich die Nachricht wie ein Lauffeuer: Tobyas und Salo – einer der chilenischen Jungs, die Schäfer immer noch die Treue gehalten hatte – waren während des Festes geflohen. Das war für mich ein herber Schlag. Tobyas hatte mir noch zwei Tage zuvor erzählt, daß er nur deshalb solange Sprinter sei, weil Schäfer bei ihm Unzufriedenheit festgestellt habe und ihn so besser unter Kontrolle zu haben glaubte. Dabei hatte er so komisch gelacht. Nun wußte ich ja, worüber.

Ich mußte am folgenden Wochenende im *Casino* arbeiten, aber ich bekam kaum einen Fuß vor den anderen. In der Küche wurde ich angeschrien, weil ich ein Glas Zucker umgeworfen hatte. Da war es um meine Fassung geschehen: Ich bekam einen Heulanfall und sackte auf einem Hocker zusammen. Meine Kollegen schauten sich ratlos an, keiner konnte den Grund für meinen Zusammenbruch erkennen.

Ich war so tief von Tobyas enttäuscht, der sich mit Salo

anstatt mit mir davongemacht hatte. Ich hatte fest damit gerechnet, daß er mir Bescheid geben würde, und jetzt saß ich hier mit einer ungewissen Zukunft und würde durch Schäfers Missetaten sicherlich auch noch ins Gefängnis kommen. Ich malte mir aus, wie Schäfer mir die Schuld an unseren gemeinsam verbrachten Nächten zuschob und ich dann für alles allein büßen mußte.

Sofort wurde Schäfer über meinen Zusammenbruch informiert, und noch am gleichen Abend bestellte er mich zu sich in sein Büro, wo er wie früher an seinem Schreibtisch saß und Briefe durchlas. Kaum saß ich, fing ich schon wieder an zu weinen. Der ganze Druck der vergangenen Wochen, unter dem wir alle zu leiden hatten, brach sich Bahn.

»Hans, du bist erwachsen. Hör auf zu heulen. Was soll ich denn sagen?«, sagte Schäfer streng.

»Entschuldige, *Tio*. Aber an dieser ganzen Chose bist nur du schuld«, sagte ich und wischte meine Tränen mit dem Ärmel ab. »Wir wollen ein Leben nach Gott führen, und keiner hat sich je beschwert. Nun ist die ganze Kolonie in Aufregung, man weiß nicht, was morgen passiert ...« Weiter kam ich nicht.

»Hans! Wie kannst du es wagen! Ich dachte immer, du bist mein Freund, und gerade jetzt, wo ich wieder einmal so bitter enttäuscht worden bin, wo engste Freunde meine Liebe ausgenutzt haben und das Böse in der Kolonie umherstreift, jetzt greifst du mich an? Verschwinde!«

»Aber eins solltest du wissen«, sagte ich beim Aufstehen, »für uns hört die Hölle erst auf, wenn du hier weg bist! Du bist der Grund für all diese Veränderungen! Deinetwegen sind wir hier alle in Angst! Da kannst du mir noch so viele Drogen geben, dazu stehe ich!«

»Ach Hans, ich will mich nicht aufregen. Du warst so oft erkältet, sei froh, daß du immer deine Medizin bekommen hast. Deine anderen Vorwürfe sind zu absurd, um sie zu diskutieren. Günter, Hans möchte gehen!«

Günter Schafrik, der, wie ich jetzt erst bemerkte, die ganze Zeit an der Tür gestanden war, näherte sich. Bevor er unter dem Lichtkegel der Deckenlampe stand, stand ich auf und ging hinaus. Ich hatte gar keine Angst.

In den nächsten Tagen hielt ich mit meiner Meinung nicht hinterm Berg. Ich erzählte allen, die es hören wollten, daß Schäfer der eigentliche Übeltäter und es besser für uns alle sei, wenn er verschwände.

Jemand, der mit seiner Meinung herauskommt, ohne sich vorher abzusichern – das war neu und unerhört. Ich pfiff drauf. Jetzt, spürte ich, könnten sie mich nur noch töten, und dazu hatten sie nicht mehr die Kraft. Einige wollten mich natürlich am liebsten schlagen, wie Franz, der chilenische Adoptivsohn von Familie Baar. Er war sowieso die ganze Zeit gegen mich gewesen, hatte immer für Schäfer Partei ergriffen und in den letzten Jahren jede Gelegenheit benutzt, um mich anzuschwärzen.

Sein Verhalten aber tat mir nicht mehr weh. Mir konnte keiner mehr erzählen, daß es Liebe war, die Schäfer antrieb. Ich hatte zu viel gehört. Auf der Versammlung, die an diesem Abend stattfand und von Gerd Mücke geleitet wurde, wurde ich wegen einer Kleinigkeit gemaßregelt. Gerade als Onkel Mauck mir eine Ohrfeige geben wollte, was in dieser Zeit schon an sich eher selten vorkam, wich ich zurück und sagte: »Du hast kein Recht, mich zu schlagen. Wenn du es doch tust, werde ich zurückschlagen.« Mücke hielt inne. So etwas war ihm wohl auch noch nicht gesagt worden.

»Ich gehe jetzt. Auf solche Versammlungen kann ich verzichten«, sagte ich in die verblüfften Gesichter und ging langsam aus dem *Zippelsaal,* direkt in die Garage zu den Lastwagen. Jetzt konnte ich sicher sein, daß mich in den nächsten dreißig Minuten keiner stören würde.

An diesem Abend hörte ich im Radio, daß Tobyas und Salo in Santiago ihre Aussagen vor dem Geheimdienst gemacht hatten. Tobyas hatte davon berichtet, daß Schäfer sich immer noch auf dem Gelände der Kolonie in Containern versteckt hielt. Doch er behauptete auch etwas Unfaßbares:

Vor zwölf Jahren war der siebenjährige Hartmut Münch bei einem Jagdunfall ums Leben gekommen – damals hatte man uns gesagt, wie ich bereits erzählt habe, er sei aus dem Wagen gefallen. Tobyas war damals als Sprinter dabei und schilderte den Hergang nun so: Schäfer war in der Nacht mit dem »Schatten Pinochets«, dem Ex-Geheimdienstchef Contreras, zur Kaninchenjagd gefahren. Er wollte sich vor seinem Gast produzieren und schoß wie ein Wilder aus dem fahrenden Auto heraus auf jedes Tier, was in Sichtweite kam. Als er wohl aus dem Augenwinkel ein Kaninchen wahrnahm, welches schon hinter dem Laster hoppelte, schwenkte er sein Gewehr über die Rückbank und drückte ab. Leider war in dieser Sekunde Hartmut, der auf der Rückbank saß, durch eine Rüttelbewegung des

Wagens mit seinem Kopf genau in die Schußlinie geraten. Schäfer traf ihn am Kopf; er war auf der Stelle tot. – Salo erzählte auch, er sei von Schäfer sexuell mißbraucht worden. Daher war ich nicht überrascht, als ich morgens um vier vom *Galpon-Pito* aus dem Schlaf gerissen wurde. Eine weitere Razzia fand statt, aber natürlich trickste Schäfer seine Verfolger wieder einmal aus.

Während der nächsten Tage schlichen wir alle still und leise über das Gelände. Ich mußte in der Landwirtschaft arbeiten und verbrachte Tage, ohne mit jemandem zu sprechen. Nicht, daß ich geschnitten wurde, wie es früher oft vorgekommen war: Nein, keiner hatte Lust zu reden. Die gesamte Stimmung war bedrückt, und bei der nächsten Versammlung, natürlich ohne Schäfer, der so lange im Wald oder in den Bergen zu bleiben pflegte, bis ihm seine Spione aus dem Polizeiapparat signalisierten, daß die Luft wieder rein war und keine Razzia zu befürchten wäre, predigten abwechselnd Onkel Mauck, Doktor Hopp oder Karl Hügel, aber auch sie hatten nicht die Kraft, die Männer zu motivieren. Selbst ein von Doktor Hopp vorgetragenes Lied blieb ohne Wirkung:

»Wenn des Heilands Klopfen
Die Herzen berührt,
Hält Satan zwei Glöcklein bereit.
›Zu früh‹ heißt die eine,
Die andre: ›Zu spät‹.
Ihr sanfter Akkord heißt: ›Nicht heut'‹.
Warum denn bekehren in Jugend und Glück,
So schön war das Leben noch nie.

Also flüstert der Feind:
›Du hast ja noch Zeit‹
Und läutet sein Glöcklein zu früh. –
Des Heiland Zeit ist heut,
Des Heiland Zeit ist heut,
Gott ruft dich heut.«

Doktor Hopp mußte sich schneuzen, so sehr hatte ihn die Rührung über seine eigenen Worte übermannt. Die Versammlungen wurden immer kürzer, und dauernd hielten die *Alten Herren* Extra-Versammlungen ab. Irgend etwas ging vor.

Ein paar Tage später sah ich Schäfer, kutschiert von seinem Fahrer Friedhelm Zeidler, von weitem mit seinem Wagen den *Annaweg* entlangfahren. Friedhelm war inzwischen mit Rebeca, dem Mädchen, mit dem ich einmal im Planschbecken gesessen habe, befreundet. Rebeca war von Schäfer adoptiert worden.

›Schön, daß er wieder da ist‹, dachte ich mir. ›Dann kann es ja wieder losgehen mit den Razzien.‹

Zwei Tage später wurde ich frühmorgens in die *Neue Küche* zu Schäfer gerufen. Es war vor elf, gar nicht seine Zeit! Ich wunderte mich. Jetzt war so lange alles für mich gutgegangen, aber insgeheim fürchtete ich doch seine Strafen. Sollte heute der Tag gekommen sein, an dem er sich für all meine ungeahndeten Frechheiten rächte?

Als ich in der Küche ankam, saß Schäfer alleine im Sessel. Er sah schrecklich aus. Scheinbar hatte er seit Tagen nicht geschlafen und aus Angst die Nächte im Sessel verbracht. Er hatte dicke Augen und war, für ihn absolut ungewöhnlich, mit einem schmuddeligen Anzug bekleidet. Sonst sah er immer aus wie aus dem Ei gepellt.

»Hallo Hans«, sagte er leise. Ich setzte mich. »Hans, ich habe sehr lange über das, was du mir bei unserem letzten Gespräch gesagt hast, nachgedacht«, fuhr er fort. »Du hast mir einige sehr schlimme Unverschämtheiten an den Kopf geworfen. Aber ...«, er erhob sich aus dem Sessel, »komm mit raus. Ich möchte nicht, daß wir belauscht werden.«

Hatte er jetzt Angst vor seinen eigenen Abhöranlagen? Ich folgte ihm auf den Platz hinter der Bühne, die Morgensonne beschien uns. Schäfer kniff die Augen zusammen.

»Hans, dieses Gelände habe ich mit eigenen Händen aufgebaut. Ich habe die Häuser gebaut, die Straßen gelegt, die Menschen an mein Herz geholt und versucht, vor dem lieben Gott ein gefälliges Leben zu führen. Das Gelände ist sehr gewachsen, die Gemeinschaft ist gewachsen, und ich bin stolz auf das, was ich geschaffen habe.«

Ich nickte, obwohl ich wußte, daß Schäfer selbst kaum einen Handschlag auf dem Gelände getan hatte.

»Was glaubst du, was passieren würde, sollte ich die Gruppe verlassen? Ich bin Euer *Tio permanente,* alles würde in Stücke gehen, sollte ich nicht mehr hier sein. Ich habe tüchtige Männer, die mich vertreten, aber du weißt selber, daß alle im Endeffekt zu mir kommen, wenn es Probleme gibt.«

Ich wunderte mich. Schäfer hatte mich noch nie wie einen Erwachsenen behandelt.

»Ich habe deine Entwicklung in den letzten Jahren mit Sorge betrachtet, Hans. Du warst immer ein schwieriges Kind. Als Erwachsener bist du deinem Vater immer ähnlicher geworden. Immer mit dem Kopf durch die Wand! Das war für die Gemeinschaft nicht immer gut.« Er fing an zu schlucken. »Aber eines mußt du mir glauben: Ich habe dich oft bewundert für deine Stärke! Du bist ein Kämpfer gegen das Unrecht und hast oft recht gehabt, auch wenn mich äußere Umstände gezwungen haben, anders zu handeln.«

Hier fing er fast an zu weinen, so sehr berauschte er sich an seinen Worten. Ich hatte aber in dem Moment nicht den Abstand, das so zu sehen, und weinte auch fast – vor Rührung. Endlich gab er es zu! Endlich würde er sich für all die Qualen, die er mir zugefügt hatte, entschuldigen!

»Das heißt natürlich nicht, daß ich mich bei dir entschuldigen werde«, fuhr Schäfer fort, »ich will dir nur klarmachen, daß jemand, der eine große Verantwortung trägt, nicht immer so entscheiden kann, wie er möchte.«

Plötzlich wurde mir die Inszenierung dieser Audienz klar. Er hatte das alles nur eingefädelt, um im Falle einer späteren Zeugenaussage sagen zu können, er habe mit mir alles bereinigt. Er hatte schlicht Angst und gab dies alles nur zu, um später nicht belangt werden zu können. Er war also tatsächlich am Ende!

»Danke, *Tio*. Ich will jetzt nicht alles aufzählen, was du mir antun mußtest, obwohl du es nicht gewollt hast.«

Jetzt war ich den Tränen nah – vor Wut über diese Ausrede und mein verpfuschtes Leben. »Ich habe keine Schulbildung. Seit Jahren werde ich mit Drogen vollgepumpt. Ich kann mich nicht konzentrieren. Ich bin derjenige gewesen, den alle immer schlagen durften. Sollte ich mir wünschen, daß das, was du mir gerade gesagt hast, stimmt? Das wäre ja noch schlimmer, als wenn es nicht stimmen würde!

Du bist der Mann mit der Macht. Dir gehorchen alle – auf dem Gelände und weit drüber hinaus. Wenn du eine Entscheidung triffst, wagt keiner, sie anzuzweifeln. Und jetzt willst du mir erklären, du hattest nicht die Wahl, mich länger zur Schule gehen zu lassen? Oder dafür zu sorgen, daß ich nicht mit Strom im Krankenhaus gequält wurde? Du hast dafür gesorgt, daß ich mich umbringen wollte!

Und wie oft habe ich dir den Tod gewünscht ... jetzt aber nicht mehr. Du sollst nur noch verschwinden, bevor du uns alle in die Finsternis mit hinunterreißt! Ich habe keine Angst mehr vor dir – Angst habe ich nur noch davor, für deine Sünden geradestehen zu müssen! Und wenn du nicht gehst, gehe ich. Ich gehe den gleichen Weg wie Tobyas! Kein Zaun wird mich aufhalten können, keine Spritze, keine Schläge. Ich werde mein Leben leben, ohne dich. Aber die anderen können erst dann anfangen zu leben, wenn du weg bist!«

Schäfer hatte meinen Ausbruch bewegungslos angehört. Sein Blick fixierte irgend etwas am Horizont, und als ich fertig war, murmelte er, ohne den Kopf zu bewegen: »Du kannst jetzt gehen, Hans«, und wedelte matt mit seiner linken Hand.

Das war das letzte Mal, daß ich Schäfer gesehen habe. Eine Woche später war er weg.

Santiago de Chile, 24. April 2003

»An die Führungsgruppe, Leiter und Bewohner der Colonia Dignidad!

Habe bis auf den heutigen Tag versucht, selbst klarzukommen mit den Lebensbedingungen und Lebensweisen außerhalb der Villa Baviera und ihren Zweigstellen, um alles Böse, Unrechtliche und Ungesetzliche zu vergessen.

Habe mich bis heute an kein Ministerium gewandt und habe nicht Pressemedien gebraucht. Habe mich durchgeschwiegen, um Zeit zu gewinnen für einen jeden von Euch, damit das Recht und die Liebe auch wirklich ihre Bedeutung bekommen in der Villa Baviera.

Habe geglaubt, durch mein Schweigen und Entfernen von der Gemeinde der Villa Baviera wäre Euch und mir geholfen, aber nein, niemandem ist geholfen. Der Betrug und die Schuld wird größer, und wer muß es ausbaden? Ich bin es am ausbaden.

Der Makel der Villa Baviera guckt an allen Enden raus, Gott sei es geklagt. Und ich kann es vor Gott und den Menschen nicht länger verschweigen. Habe geglaubt an eine Lösung Eurerseits, beziehe mich auf die Versammlung vom 3. April 2003, wo Ulrike Veuhoff und Hernan Escobar Lagos und meine Familienangehörigen zugegen waren; wo Ihr bestens unterrichtet wurdet, wie meine

Anklagen und, wenn ich bitten darf, meine Forderungen lauten vor Recht und Gesetz.

[…]

Der liebe Gott will schon lange eine Lösung für die Bewohner der Villa Baviera und ich ebenfalls.

Nur Ihr wart immer dazwischen, aber ich glaube, das hat heute aufgehört. Wie Ihr wißt, »Schweigen ist der Tod«, und ich glaube, das trifft bald auf mich zu. Ihr wußtet immer, wogegen ich bin oder war in der Villa Baviera, und Ihr sollt es auch heute wissen.

[…]

So, wenn Ihr wollt, ein Gespräch, bevor ich mich von Euch entferne und Euch nicht mehr anerkenne, hier meine Telefonnummer.

So Gott will, alles Gute.

José Vedder«

Colonia Dignidad, 1998

Die Aufregung, die das Verschwinden Schäfers weltweit ausgelöst hatte, schlug sich in einer Flut von Zeitungsberichten nieder, die ich im Büro von Herrn Seewald relativ ungehindert einsehen konnte. Er ging inzwischen jedesmal, wenn ich zu ihm kam, für lange Zeit in sein Hinterzimmer und gab mir so die Gelegenheit, in Ruhe alle Artikel zu studieren. ›Komisch‹, dachte ich, ›daß alle Welt so aufgeregt ist und hier alle so ruhig sind! Bestimmt denken alle, daß wir hier am aufgeregtesten sind!‹

Das war nun wirklich nicht der Fall. Heimlich waren die Bewohner der Kolonie wohl erleichtert, daß mit Schäfer der Verantwortliche für den Mißbrauchsskandal verschwunden war. Die Polizei hatte sich auch schon länger nicht auf dem Gelände blicken lassen, und eigentlich nahm das Leben seinen gewohnten Gang.

Der schönste Moment war, als ich unmittelbar nach Schäfers Verschwinden, als Hans Jürgen und ich in der Küche saßen, zur Schublade ging und all meine Tabletten für diesen Monat herausnahm und demonstrativ in den Ausguß schmiß, während Hans Jürgen und ich über etwas ganz anderes, Belangloses redeten. Sein Schweigen war seine Zustimmung, ich habe seitdem nie wieder eine Pille angerührt.

Tagsüber hatte ich entweder bei der Ernte oder im

Casino oder beim Baggern zu tun. Die Aufgaben Schäfers hatte eine fünfzehnköpfige Führungsclique übernommen, deren Galionsfigur Doktor Hopp war, aber der heimliche Chef war Hans Jürgen Riesland.

Alle Entscheidungen wurden von diesem Gremium gefällt. Wenn man früher für eine Bestellung die Unterschrift von Schäfer gebraucht hatte, brauchte man heute drei Unterschriften von Mitgliedern dieses Gremiums. Das war ein bißchen mühsam, bis ich heraushatte, wer von ihnen mir gut gewogen war. Allerdings durfte ich den Bogen nicht überspannen.

Ich versuchte es mit der Beschwerde, daß ich meinen Rasierschaum nicht vertragen würde und in Zukunft bitte auch wie die *Alten Herren Old Spice* benutzen möchte.

Dafür wurde ich nicht nur bestraft, sondern beim nächsten Nikolausabend – Weihnachten und auch alle anderen christlichen Feiertage wurden in der Kolonie nicht gefeiert, seit Schäfer den Weihnachtsmann vor Jahren in einem symbolischen Akt im Fluß ertränkt hatte, aber es gab den *Krampus,* der strafend übers Gelände zog – wurde ein Stück aufgeführt, in dem sich in einer Szene über mich und meinen Wunsch nach *Old Spice* lustiggemacht wurde.

Kurz nach Schäfers Verschwinden wurden an vielen zentralen Punkten im Dorf noch mehr versteckte Kameras und Mikrofone angebracht, allein vier Stück im *Zippelsaal.* Unsere täglichen Gebete, auf die weiterhin sehr viel Wert gelegt wurde, wurden aufgezeichnet, genau wie die Versammlungen. Zeitgleich mit Schäfer waren seine Frau, seine Adoptivtochter und deren Verlobter sowie sein Bodyguard Peter Schmidt und zwei seiner treuesten Sprinter, Matias und Friedhelm, verschwunden. Ich war nicht besonders erstaunt, als ich einen von ihnen unverhofft wiedersah: Ich schnitt gerade eine Hecke, als Georg Laube mit einer Videokamera um die Ecke kam und mich dabei filmte. Da ich längst eins und eins zusammengezählt hatte, grüßte ich freundlich: »Hallo, uns geht's gut! Tschüß!« und winkte freundlich in die Linse.

Das Grinsen von Georg war mir Bestätigung genug: Schäfer befand sich an einem geheimen, der Führungsclique jedoch bekannten Ort, bei bester Gesundheit, und ließ sich per Video über die Kolonie berichten.

Das war für mich keine große Überraschung. Viel mehr beschäftigte mich, daß nach Schäfer auch Willi Malessa, Erwin Fege und fünf weitere Männer, die zentrale Aufgaben innehatten, verschwunden waren. Die hatten aus der Zeit, als Diktator Pinochet sich an die Macht putschte, viel Blut an ihren Händen. Jetzt hörte man, daß Malessa mit einer enormen Summe die Kolonie verlassen hatte. Ich wunderte mich auch nicht mehr, daß nach der Heuernte Laster mit Anhängern, die mit Heu beladen schienen, kaum den Berg hochkamen, so tief drückte das Gewicht auf die Achsen: Unter einer dünnen Schicht Heu wurden so Türen und Fenster, Betten und Schränke aus der Kolonie geschmuggelt – mit unbekanntem Ziel und ohne daß dumme Fragen gestellt werden konnten.

Auch wurden in der Küche immerfort Pakete mit Lebensmitteln gepackt, die morgens auf mysteriöse Weise verschwunden waren. Aber natürlich sprach wieder keiner darüber, im Gegenteil, auf den Versammlungen wurde über die Verschwundenen hergezogen und ihre Abwesenheit wurde damit begründet, daß sie im großen Umfang unterschlagen hätten und geflüchtet seien. Ich war wieder mal auf das angewiesen, was mir mein gesunder Menschenverstand sagte, und auf das ohrenbetäubende Geflüster innerhalb der Kolonie.

Wenig später rief mich Hans Jürgen zu sich. Neben ihm saßen Fritz und Uwe, beide ebenfalls Schäfers Sprinter, und nickten mir verschwörerisch zu. Hans Jürgen fragte mich, ob ich Lust hätte, einen Ausflug zu machen, bei dem ich eine wunderbare Überraschung erleben würde. Ich schüttelte den Kopf. »Hans Jürgen, sag doch, daß du Schäfer besuchen willst. Du kannst ihn auch schön von mir grüßen. Aber ich habe keinen Grund, zu ihm zu fahren. Ich will nicht wissen, wo er wohnt, ich will nicht wissen, ob er lebt …«

»Wie kannst du so etwas sagen, Hans!«, empörte sich Hans Jürgen. »Der *Tio* möchte wissen, ob du glücklich bist. Daher hat er dich eingeladen.«

»Mir egal. Du kennst mich, Hans Jürgen. Ich habe nicht nur eine gute, sondern auch eine sehr böse Seite«, erwiderte ich. »Stell dir vor, bei einem Verhör kommt nun meine böse Seite zum Vorschein und ich verrate alles, was ich weiß? Besser nicht!«

Dagegen gab es kein Argument. Ich wurde nie wieder gefragt. Aber meine Drohung hatte ihm Angst gemacht, das konnte ich sehen. Dabei dachte ich nicht daran, Schäfers Aufenthaltsort zu schützen, ich dachte vielmehr daran, wie es wirken würde, sollte bei einem Verhör herauskommen, daß ich noch freiwillig Schäfer nach dessen Verschwinden besucht hatte. Das würde meine Glaubwürdigkeit erschüttern. An diesem Abend verbrannte ich alle Fotos, die mich gemeinsam mit Schäfer zeigten und die ich noch aufbewahrt hatte.

Ich wollte mich auf die Zukunft konzentrieren. Andauernd machte ich Pläne, wie ich zu Geld und Arbeit kommen würde, und verwarf sie wieder. Dazu mußte ich Freunde haben, sonst würde ich nicht weit kommen. Dabei kam mir eines Tages ein Zufall zu Hilfe: Seit Schäfers Verschwinden waren viel mehr Anträge auf Paarbildung bei den *Alten Herren* eingegangen als früher. Viele Bewohner wollten jetzt in eheähnlichen Beziehungen leben.

Dem wurde auch mehr und mehr stattgegeben. Eigentlich wurde alles getan, um die Bewohner bei Laune zu halten. Negative Aussagen waren jetzt das letzte, was die Führung brauchte. Auch war der Aufenthaltsort Schäfers innerhalb des Zaunes ein eher offenes Geheimnis, in der Welt draußen aber wußte niemand davon. Das sollte auch tunlichst so bleiben.

So kam es, daß eines Tages für einen Auftrag, außerhalb des Geländes einen Kanal zu baggern, kein Baggerfahrer aufzutreiben war, der bereit war, wochenlang jeden Tag nach draußen zu fahren und erst spätabends wieder zurückzukehren. So fragte man mich, besser: So wurde ich eingeteilt, erst mal für nur eine Probewoche. Ich konnte meine Freude darüber nur schwer verbergen.

In den letzten Wochen hatte ich schon gemerkt, daß Hans Jürgen versuchte, an mir einiges wieder gutzumachen. Ich hatte die Neigung, jetzt, wo keine gravierenden Strafen mehr drohten, zänkisch und larmoyant in den Versammlungen das Schlimmste vom Schlimmen herzubeten, das uns allen blühen würde, wenn wir uns nicht der Gerechtigkeit stellten. Das hörte da natürlich keiner besonders gern. Ich hatte Oberwasser, weil die Führung erpreßbar und geschwächt war. Der einzige, der immer wieder aufstand und gegen mich anging, war Franz, der chilenische Adoptivsohn von Familie Baar. Er war voller Haß auf mich und den rebellischen Geist, den ich symbolisierte. Schäfer war sein Idol, er verteidigte alle Fehler, die in der Vergangenheit gemacht wurden, und drohte mir oft mit Gewalt.

Nun bekam ich nicht nur die Erlaubnis, draußen zu baggern, sondern auch einen Hund.

Das war nun das erste Mal in meinem Leben, daß ich für jemand anderen verantwortlich war. Natürlich sollte Nero mich an die Kolonie binden, aber obwohl ich den Zweck durchschaute, wuchs mir das Tier ans Herz. Ich war froh, jemanden zum Schmusen zu haben. Einige Wochen später bekam ich schon mein nächstes Tier, einen jungen Puma! Er gehörte einem Freund von Schäfer, der ihn als Jungtier bekommen hatte. Erst als der Puma groß genug war, um im Haus schwere Schäden anzurichten und seine Frau mit Scheidung drohte, gab er ihn schweren Herzens weg in die Kolonie. Ich begann sofort, ihm einen Zwinger zu bauen, und gewöhnte ihn an Halsband und Leine. Es wurde für alle ein vertrauter Anblick, wenn ich mit meinem Hund und meinem Puma Gassi ging. Beide gehorchten mir aufs Wort, wobei der Puma von mir eher geschubst als gezogen wurde. Er hat mir aber nur selten etwas getan.

Es war ein großartiges Gefühl, als ich, mit einem

neuen Handy und einem Funkgerät ausgestattet, zum ersten Mal zur Arbeit nach draußen gefahren wurde. Die Kollegen betrachteten mich neugierig, hielten sich aber mit Fragen über mein Leben zurück. Ich war dort der einzige Arbeiter aus der Kolonie. Da sie aber sahen, wie gut und fleißig ich arbeitete, nahmen sie mich schnell in ihre Gemeinschaft auf.

Was ich hier in nur einer Woche bei den Gesprächen am Mittagstisch hörte, waren völlig fremde Welten für mich. Ich nickte immer freundlich und lachte an den richtigen Stellen, aber vieles verstand ich überhaupt nicht. Heimlich Radiohören und Überschriftenlesen hatten aus mir wohl doch nicht den erfahrenen Weltbürger gemacht, als den ich mich immer gerne sah. Besonders, wenn es um Sexgeschichten ging, wurde ich rot und unsicher. Es schien mir, als sei ein kompletter Kosmos an mir vorübergegangen. Ich kannte Frauen ja nur als geschlechtslose Wesen mit Dutt und am Spinnrad sitzend oder als prügelnde *Dragoner;* die Ausnahme war Renate, die ich aber auch nur in Kittelschürze mit Söckchen und Kopftuch kennengelernt hatte. Jetzt sah ich zum ersten Mal Nacktfotos in Zeitungen, die in der Kolonie sicherlich nie archiviert wurden, und hörte anzügliche Geschichten.

Abends, wenn ich eine Rückfahrtmöglichkeit in die Kolonie gefunden hatte, saß ich noch lange am Pumakäfig und dachte über das nach, was ich erlebt und gehört hatte. Wie aufregend die Welt war! Was hatte ich nicht alles verpaßt! Ich war 31 Jahre alt und wußte – nichts.

Santiago de Chile, 24. April 2003

So, das Fax an die Kolonie war durchgegangen. Ich fühlte mich zwar nicht besser als vorher, aber immerhin hatte ich reagiert. In den letzten Wochen war es zu einem Gezerre zwischen den Geheimdiensten, der Kolonie und meinem Gewissen gekommen, das ich nur schlecht verkraftete.

Der Geheimdienst versprach mir alles, wenn ich ihnen Hinweise geben könnte, wo die vermißten Leiter der Kolonie sein könnten. Ich habe ihnen immer nur Brocken an Informationen gegeben, da ich meinerseits versuchte, die Kolonie dazu zu bringen, mir eine Entschädigung für jene dreizehn Jahre zu geben, während derer ich Lohnzettel unterschrieben hatte, aber nie etwas ausgezahlt bekommen hatte. Ein Rechtsanwalt, der mir vom Geheimdienst empfohlen war, meinte jedenfalls, daß mir das zustand.

Die Führungsclique der Kolonie reagierte prompt und schickte meine Adoptivschwester und meinen besten Freund innerhalb der Kolonie, Hernan Escobar, zu mir, um mich weich zu klopfen.

Zunächst freute ich mich, als ich hörte, daß Ulrike und Hernan mich besuchen wollten. Ich war begierig, neue Geschichten aus der Kolonie zu erfahren. Die seltenen E-Mails, die ich von Georg und Siegfried Hempel erhielt, waren immer kurz und knapp gehalten. So hatte ich die

Möglichkeit, mal wieder länger mit denjenigen zu sprechen, die ja die Jahre mit mir in der Kolonie geteilt hatten. Manchmal fehlte mir ein Leidensgenosse, mit dem ich über die Vergangenheit reden konnte. Sicher, meine Schwestern wurden nicht müde, meine Horrorgeschichten zu hören, aber es war doch etwas anderes, wenn man sie mit Menschen teilt, die dasselbe erlebt hatten.

Mein Anwalt war der erste, der mich vor dem Treffen warnte: »Paß auf, Efraín. Es schmeckt mir nicht, daß ausgerechnet deine beiden Freunde die weite Reise nach Santiago machen dürfen, um mit dir im Namen der Führungsclique zu sprechen. Das kann auch eine Falle sein!«

»Nein, da brauchen Sie keine Angst zu haben«, ich lachte, »für die beiden lege ich meine Hand ins Feuer. Es kann sein, daß sich die Führungsclique etwas davon verspricht, aber Ulrike und Hernan würden mich nie hintergehen. Sie würden sich auch nicht so von der Führung benutzen lassen.«

Wie sich herausstellte, hatte ich leider unrecht. Zwar waren beide sehr freundlich, als wir bei meinem Rechtsanwalt am Tisch saßen, aber nach dem langen *Small talk* wurde klar, daß sie nur einen Zweck mit dem Treffen verfolgten: mich von meinen finanziellen Forderungen abzubringen und sicherzustellen, daß ich trotzdem nichts Relevantes verraten würde.

Hernan machte sogar den Versuch, mich wieder in die Kolonie einzuladen. »Jetzt bist du doch hier total gescheitert, Hans«, sagte er eindringlich.

»Efraín!«, erwiderte ich.

»Wie bitte?«

»Ich heiße Efraín, nicht Hans!« sagte ich schärfer.

»Oh, na gut, *Efraín.* Egal, wie du heißt, du hast es nicht geschafft. Diese Welt ist nichts für dich. Nie kannst du hier glücklich werden, das sehe ich dir doch an! All deine Freunde in der Kolonie vermissen dich, jeden Tag wird für dein Seelenheil gebetet! Und anstatt ein gottgefälliges Leben zu führen, lebst du in diesem Moloch, umgeben von Stein statt Natur! Wie willst du hier jemals eine Existenz gründen? Hier kann man doch nur etwas werden, wenn man reich geboren wurde! Und du hast kein Geld, und von der Villa Baviera wirst du auch keins bekommen!«

Ich staunte. Was war aus Hernan geworden? Wie verzweifelt mußte er sein, wenn er nach außen so felsenfest die Prinzipien der Sekte vertrat, obwohl ich und er wußten, daß er nicht dahinterstand? Hatte die neue Führung es geschafft, alle inneren Bedenken beiseite zu drängen und die neue Öffnung, die nach Schäfers Verschwinden eintrat, wieder zurückgenommen?

Oder reichte es den Bewohnern, die alten Sünden zu verdrängen und sich mit neuen Ehen und einem Fernseher auf dem Zimmer zufriedenzugeben? Ich war mir sicher: Nein. Zumindest die Jungen wollten mehr, das hatte ich über die Jahre in vielen heimlichen Gesprächen hinreichend ausgelotet. Ihre Angst mußte sehr groß sein, nicht die Gelegenheit beim Schopf zu packen und auch lieber eine ungewisse Freiheit zu wählen als wieder zur Sekte zurückzukehren.

Was, so fragte ich mich, war nur der Motor für diese Angst? Oder waren es die Folgen der Gehirnwäsche, die immer noch täglich angewandt wurde? Wieso war ich aber stark genug, dem zu entkommen, und die anderen, die sicher intelligenter waren als ich, nicht? Stimmte das, was Schäfer gesagt hatte: Es lag am Blut meines Vaters?

Ich würde nie wirklich dahinterkommen, wie sehr eine Sekte die Menschen an sich bindet, aber an diesem Abend bekam ich wieder einen Eindruck davon, der mir kalte Schauer über den Rücken jagte.

Dieses Gespräch enttäuschte mich mehr, als ich sagen konnte. Sie waren eben alle Heuchler hinter dem Stacheldrahtzaun. Alle wollten neu anfangen nach Schäfers Verschwinden, aber keiner traute sich, reinen Tisch zu machen. Ich war überzeugt davon, daß man auf Lügen nichts aufbauen konnte. Das ergab keine gute Grundlage für Verhandlungen.

Am meisten hatten die betroffenen Jungen wohl Angst, daß ich vom sexuellen Mißbrauch erzählen würde. Denn in der Machogesellschaft Chiles war dies ein Makel, mit dem auch die Opfer nicht gern leben wollten. Das erklärt wohl, warum ich folgende E-Mail, nur einen Tag nachdem ich das Fax weggeschickt hatte, von meinem ehemals sehr guten Freund Siegfried, der auch Sprinter gewesen und von Schäfer mißbraucht worden war, erhielt:

»*Hallo Koni,*
schon immer hatten wir irgendwie eine Freundschaft, und ich habe Dich immer unterstützt. Aber jetzt, da Du Dich entschieden hast, Schmerz zu verursachen, und dasselbe machst, was die anderen schon gemacht haben, will ich Deinen Namen nie wieder hören, weder in dieser Welt noch in der nächsten.

Du hast mich grenzenlos enttäuscht. Obwohl Du es bereuen wirst, kann ich Dir nie vergeben, daß Du Dir das vorgenommen hast (Du weißt genau, worüber ich rede).

Glaubst Du nicht, auf ehrliche Weise Deinen Lebensunterhalt verdienen zu können? Weißt Du, was ich an Dir immer bewundert habe, war die Art, wie Du die ganze Sache behandelt hast, ohne weh zu tun.

Aber jetzt: Solche Ansprüche! Ich frage mich, welches Recht Du hast, mehr als die anderen vom Leben verdienen zu wollen. Wie ich schon gesagt habe, werde ich Dir nie die billige Art, wie Du Dich im Leben verhalten willst, vergeben.

[...]

Ich glaube, Du hast all das, was Dich ausmacht, verloren. Das sind unschätzbare Werte, die man, wenn man sie einmal erreicht hat, nie verlieren darf. Damit meine ich Werte, die ein humaner Mensch nie verlieren sollte. Aus diesem Grund tut es mir weh, aber ich muß Dir für immer »Tschüß« sagen. Hoffentlich höre ich nie wieder etwas von Dir.

Siegfried Hempel«

Somit hatte ich auch meine letzten Freunde in der Kolonie verloren. Ich wählte die Nummer meines Anwalts, um meine Aussage zu machen. Am 31. Mai 2003 begann mein Prozeß.

Colonia Dignidad, Mai 2002

Am Monatsende mußten wir mal wieder ins Büro, um unsere weiterhin fiktiven Lohnauszahlungen zu unterschreiben. Eine Buchprüfung war angekündigt, die Arbeitsinspektoren hatten die Kolonie auf dem Kieker, und wir unterschrieben Belege für viele Monate rückwirkend. Dabei kam mir eine Idee: Was, wenn ich einfach das Geld verlangen würde, was mir auf dem Papier zustand?

Ich beantragte ein Gespräch mit der Führungsclique. Ich bat darum, in Zukunft meine Lohnzettel zu erhalten, falls mich mal einer der Arbeitsinspektoren aus der Stadt anhalten sollte und nach meinen Unterlagen fragte. Ich bekam meine Lohnzettel ohne große Diskussionen schon am nächsten Tag von Tante Gitta im Büro. Genervt war gar kein Ausdruck für ihren Gesichtsausdruck. Das machte mir Mut.

Einige Wochen später fragte ich erneut um einen Termin an. Ich wollte diesmal die Originale meiner unterschriebenen Lohnzettel, nicht bloß die Kopie.

»Warum?«, fragte Hans Jürgen entgeistert.

»Weil ich ein Recht darauf habe«, entgegnete ich frech.

Das wirkte. Ich bekam die Originale.

Wieder ein paar Wochen später, in denen ich mich mustergültig aufgeführt hatte, fand ich den Zeitpunkt für mein großes Finale gekommen: Ich verlangte den

Lohn für meine Arbeit, der auf den Lohnzetteln ausgewiesen war, bar auf die Hand.

»Ich verstehe nicht, wieso ich kein Geld ausgezahlt bekomme, wenn ich doch dafür unterschreibe!«

»Hans, stell dich nicht blöder an, als du bist! Keiner hier hat es so gut wie du! Du hast Arbeit, ein Bett zum Schlafen und immer einen vollen Teller! Und all das, ohne einen Centavo dafür zu bezahlen! Wo kommen wir denn dahin, wenn du jetzt auch noch Taschengeld verlangst?«, fragte Hans Jürgen erbost.

»Keiner redet hier von Taschengeld. Ich will auch gern für mein Bett und mein Essen bezahlen. Aber ich möchte Lohn bekommen, wie jeder andere chilenische Arbeiter auch. Ich möchte genauso behandelt werden wie alle anderen draußen. Ich möchte Arbeitszeiten von acht bis achtzehn Uhr, ich möchte am Wochenende frei haben und – meinen Lohn!«

»Das kommt gar nicht in Frage, du zersetzt unsere Gemeinschaft nicht. Wo kommen wir denn da hin, wenn das jeder macht? Am besten, wir lösen unsere Wohltätigkeitsgemeinschaft gleich auf! Dein Leben war noch nie in Ordnung«, polterte Onkel Kurt los.

»Was heißt das, mein Leben war nie in Ordnung? Durch euch, nur durch euch war es nie in Ordnung! Wer hat mir denn immer Drogen gegeben? Aber die, die richtig Dreck am Stecken haben, werden mit großen Abfindungen ruhiggestellt! Wo sind denn die Vermißten? Wieso hat Onkel Willi denn die alten Autos verbuddelt?« Eine laute Diskussion fing an, die damit endete, daß mir Lohn ausgezahlt werden würde unter der Bedingung, in Zukunft keine Fragen mehr aufzuwerfen, die der Kolonie Schwierigkeiten bereiten könnten. Es würden allerdings Miete, Essensgeld, Wäschekosten, Renten- und Krankenversicherung abgezogen werden. Zusätzlich verlor ich das Privileg, im Krankenhaus umsonst behandelt zu werden. Das konnte mir nur recht sein, das Krankenhaus wollte ich sowieso nie mehr betreten, und auf die anderen Bedingungen pfiff ich insgeheim.

Am Ende blieben von meinen umgerechnet 100 Euro brutto ungefähr 40 Euro über, die ich beiseite legen konnte. Damit fing ich an.

Die Arbeit am Kanal war mir mehrfach willkommen: Ich konnte außerhalb der Kolonie etwas über das Leben lernen, und ich konnte meinen Abschied vorbereiten. Mein erster Schritt war ein Besuch im Standesamt von Parral. Über all die Jahre war mir nie die Frage, wer meine richtigen Eltern sind, aus dem Kopf gegangen. Ich hatte starkes Herzklopfen, als ich vor dem Gebäude stand. Mit Hilfe eines befreundeten Arbeiters hatte ich dort vorher angerufen und mich angekündigt. Jetzt war es soweit. Nachdem ich bezahlt hatte, in einem hohen, dunklen Raum, legte mir die Beamtin freundlich ein Buch vor, in dem die Geburt eines José Efraín Morales Norambuena bezeugt wurde. Ich mußte darauf achten, daß meine Tränen nicht auf die Urkunden fielen. Das erste Mal las ich meinen richtigen Namen. Ich erfuhr, daß meine Eltern Julio und Marta hießen. Meine Mutter war erst am 17. Juni 1992 verstorben! Damit hatte sie vier Jahre länger gelebt als meine Adoptivmutter Johanna. Ach, all die verlorenen Jahre … Ich würde nie darüber hinwegkommen, das wußte ich jetzt. Die Buchstaben verschwammen vor meinen Augen.

Ich erfuhr, daß ich acht Geschwister hatte, von denen eine Schwester schon wieder tot war und ein Bruder verschollen. Aus den Unterlagen des Standesamtes erfuhr ich auch, daß ein Bruder von mir auch seit 1975 in der Kolonie aufgewachsen war – es war Franz Baar, mein Feind! Mein eigener Bruder! Nie hätte ich das vermutet. Sicher, einmal hat mir Klaus Dieter Schmidtke gegenüber eine Bemerkung gemacht, aber ich dachte damals, das sei eine Falle und er wollte mich nur ausspionieren. Jetzt hatte ich es schwarz auf weiß, auch die Adoptionsurkunden hatte die freundliche Beamtin besorgt. Zwei meiner Schwestern wohnten in Santiago. Ich nahm mir vor, sie als erstes zu besuchen.

Mein nächster Weg führte mich auf den Friedhof von Catillo, ans Grab meiner leiblichen, meiner richtigen Eltern. Dort stand ich an einer anonymen Grabstelle, in der meine Mutter liegen sollte, gestorben in völliger Armut. Ich haderte mit mir: Woran sind meine Eltern gestorben? Wer hat den Totenschein ausgestellt? Stimmt das, was die nette Beamtin mir sagte, oder war auch sie ein Spitzel der Kolonie? Wer waren die Zeugen bei meiner Adoption, wenn meine leiblichen Eltern da noch lebten?

Auf dem Weg zurück in die Kolonie war meine Rührung kalter Wut gewichen. Ich konnte es gar nicht erwarten, aus dem Laden herauszukommen. Ich hatte jetzt wirklich nichts mehr, was mich dort hielt. Mein letzter Funke Loyalität, der aus unerfindlichen Gründen noch tief in mir steckte, war verschwunden.

Ich würde die ganze Wahrheit sagen und nicht nur versuchen, einen Mantel des Vergessens über die Vergangenheit zu ziehen, und neu anfangen. Erst wenn alles gesagt worden war, würde ich eine neue Identität annehmen und nie, aber auch nie mehr ein Wort über die *Kolonie der Würde* verlieren. Ich spuckte aus.

Ich arbeitete auch am nächsten Tag wieder »draußen«. Meine Freunde von der Baustelle am Kanal kannten inzwischen meine Geschichte. Valenzuela, der Landwirt, dem das Grundstück, auf dem wir arbeiteten, gehörte, hatte mich besonders in sein Herz geschlossen. Es dauerte lange, bis ich mein Mißtrauen überwand und ihm offen gegenübertreten konnte. Zunächst mußte ich ja bei allen Kontakten prüfen, ob nicht ein heimlicher Sympathisant der Kolonie versuchte, mir eine Falle zu stellen. Als ich ihm die Geschichte meiner Familie erzählte, schaute er mich lange an und sagte: »Dann wirst du bald von hier fortgehen, Efraín. Das habe ich kommen sehen. Jetzt, wo dich nichts mehr hält – Blut ist dicker als Weihwasser.« Ich nickte. »Aber bevor du gehst, mußt du noch mal in die Schule«, lachte er auf. Ich sah ihn verwirrt an. »In die Schule?«

»Ja, alter Junge. In die Schule der Liebe!«, grinste er. Ich schaute zu Boden. Immer machten die Männer ihre Witze über mich und die Frauen. Sie wußten, daß ich mich noch keiner genähert hatte.

»Laß mich nur machen«, sagte Val zu mir, »ich werde dich nicht enttäuschen. Morgen wirst du wissen, warum. Ich werd' dir eine Puppe besorgen ...«

»Valenzuela, danke sehr, aber das ist nicht nötig. Ich werde selber eine ...«, protestierte ich.

»Sei still, Efraín, wo willst du denn eine Frau hernehmen? Du kennst doch gar keine! Aber ich, ich kenne da eine, die ist so richtig nach meinem Geschmack! Die weiß, wie's geht!«

»Aber was, wenn sie nicht nach meinem Geschmack ist?«, fragte ich. »Ich will nicht, daß du dir Mühe machst und ich die dann gar nicht mag. Also laß es lieber ganz.«

»Ach was, nichts da! Du wirst sie schon toll finden. Die kann Tricks, sage ich dir!« Er schnalzte begeistert mit der Zunge. Ich mußte lachen.

»Gut, aber unter einer Bedingung: Nicht hier im Ort! Ich will nicht, daß irgend jemand davon etwas mitbekommt. Irgendwo, wo mich keiner kennt, hörst du?«

»Mach dir mal keine Sorgen«, grummelte Val und schlug mir zum Abschied auf den Rücken.

In der Nacht konnte ich kaum schlafen. Am nächsten Tag teilte Val mir mit, daß ich am Samstag um vier Uhr nachmittags an einer bestimmten Bushaltestelle in Cauquenes sitzen sollte. Das war ein kleiner Nachbarort. Alles weitere würde ich dann schon mitkriegen.

Am Samstag machte ich mich sorgfältig zurecht. Ich hatte zum Glück vor einigen Tagen schon mal bei einem Kollegen, bei dem ich abends zum Essen eingeladen war, einen ersten Crashkurs in Sachen Sex bekommen. Ich hatte ja bis dahin noch nie eine nackte Frau gesehen und konnte mir nicht vorstellen, wie sie im Unterschied zu mir gebaut war. Vergleiche aus dem Tierreich konnte ich zwar ziehen, aber das war mir auch unheimlich. Um so größer war mein Erstaunen, als mein Kollege mir den ersten Porno meines Lebens vorführte. Das war tatsächlich wie bei den Tieren, schoß es mir durch den Kopf. Aber immerhin wußte ich jetzt, wo was war. Außerdem gab mir mein Kollege fortlaufend Ratschläge, wo man wann anfassen solle und wie man warum ein Kondom benutzt.

Auf der Rückfahrt in die Kolonie schwirrte mir der Kopf, und ich versuchte, die Reihenfolge, wo ich wann was machen sollte, auswendig zu lernen.

Diese Reihenfolge rekapitulierte ich auch jetzt, als ich im Bushäuschen in Cauquenes saß. Es war Viertel vor vier. Ich roch mein eigenes Parfüm, welches ich mir von meinem Geld gekauft hatte und bei dessen Gebrauch ich wohl ein wenig übertrieben hatte. Meine Haare waren mit Pomade in Form gebracht, und ein nagelneuer Schlips baumelte vor meiner Brust. Ich schwitzte und versuchte mich zu erinnern, ob zuerst der G-Punkt oder doch eher zuerst die Brust an die Reihe kam. Da näherte sich eine Dame der Haltestelle und setzte sich neben mich. Sie war einige Jahre älter als ich, trug einen kurzen Rock und ein T-Shirt und hatte ein hübsches Gesicht. Sie lächelte mich an und sagte: »Hallo, ich bin Sandra. Sind Sie aus Catillo?« Ich nickte. Sie kannte mich also schon!

»Es ist heiß hier, wollen wir ein Eis essen gehen?«, fuhr sie fort. Ich schluckte und nickte wieder. »Ja, gern«, brachte ich heraus.

Fortan übernahm Sandra die Initiative. Sie war recht resolut und lotste mich nach dem Eis in ihre Wohnung. Dort nahm sie mir mit all der Erfahrung, die eine Frau haben kann, die Unschuld.

Es war eine unvergeßliche Nacht. Abgesehen davon, daß es die erste Nacht war, die ich nicht in der Kolonie verbracht hatte – ich hatte etwas von einem Fest gesagt, was ja irgendwie auch stimmte –, war es auch die erste Nacht, in der ich wahre Ekstase kennenlernte. Sandra war eine perfekte Lehrerin, und ich werde ihr Andenken immer bewahren, auch wenn sie von Valenzuela gebucht und bezahlt worden war. Das war in dieser Nacht nicht entscheidend. Entscheidend war, daß ich für eine Nacht liebte und wiedergeliebt wurde.

Zurück in die Kolonie kam ich gerade rechtzeitig, um an der Sonntagsversammlung teilzunehmen. Franz saß einige Plätze von mir entfernt – mein Gott, ich konnte keine Ähnlichkeit erkennen. Gerade hatte er über die Vorzüge, in der Kolonie leben zu dürfen, gesprochen. Ich weiß nicht mehr, was den Auslöser für mich gab, plötzlich auch aufzustehen:

»Ich möchte vor der Gemeinde bekanntgeben, daß ich die Kolonie verlassen werde. Ich habe keine Lust, länger am Vertuschen und Verdrängen beteiligt zu sein. Ich bin als Kind hierher verschleppt worden, obwohl meine Eltern und Geschwister noch lebten. Ich habe keinen Grund, länger als nötig hierzubleiben. Ich will nicht jede Lüge mit einer weiteren verdecken. Das wird nie ein Ende nehmen, und der Herr wird euch strafen. Ich werde die Kolonie durch das Tor verlassen, nicht nachts durch die Brombeerbüsche. Da ich sowieso immer nur ein Störenfried war, wird sich diesem Vorschlag wohl auch keiner widersetzen. Bedanken möchte ich mich bei meiner verstorbenen Adoptivmutter Tante Johanna und meiner Adoptivschwester Ulrike Veuhoff, die immer gut zu mir waren. Das war's. Mehr habe ich nicht zusagen.«

Meine Rede wurde ohne Kommentar zur Kenntnis genommen. Hans Jürgen Riesland sagte lediglich etwas wie: »Es liegt in deiner Verantwortung und ist Deine freie Entscheidung. Im Namen Gottes haben wir den freien Willen unserer Bewohner nie beschnitten. Wenn du es für richtig hältst, zu gehen, geh. Erwarte dann aber bitte nicht, daß wir dir helfen, wenn du in der gottlosen Welt da draußen Schiffbruch erleidest.« Nun, damit konnte ich leben.

Am Nachmittag wanderte ich vom Pumagehege zur Schreinerei. Es war fast schon November, unser Hochsommer. Es war heiß und die Sonne schien. Ich wußte, daß in der Schreinerei Franz arbeitete. Er schaute kaum auf, als ich eintrat.

»Franz, ich will mich verabschieden. Wir haben uns nie gut verstanden, aber du solltest eins wissen: Wir ...« Ich fand die Worte nicht. Ich war plötzlich sehr traurig über all die Jahre, die wir miteinander verschwendet hatten. Franz schaute auf.

»Was willst du? Du hast dich gegen ein Leben mit Gott entscheiden. Nun mach, daß du wegkommst.«

»Franz, wir sind vom gleichen Blut. Wir sind Brüder. Ich hab es im Standesamt in Parral erfahren. Ich dachte, das solltest du wissen«, brachte ich hervor.

Franz erstarrte. Dann arbeitete er weiter.

»Ich weiß das. Aber das ändert nichts. Ich muß jetzt weiterarbeiten. Wenn du Schäfer wieder dafür danken kannst, was er alles für dich getan hat, und wieder in den Schoß der Gemeinschaft schlüpfen möchtest, können wir ja weiterreden. Bis dahin mache, was du für richtig hältst. Ich werde dir gewiß nicht in deine weitere Lebensplanung hineinreden«, sagte er kühl.

Ich drehte mich um und ging hinaus. Mein Gott, er

hat es die ganze Zeit gewußt! Hätte er mir doch nur in all diesen Jahren einmal ein Zeichen gegeben! Hätte er mir doch nur einmal geholfen, bei all den Kämpfen, die ich durchgestanden habe! Vielleicht hätten wir uns dann zusammengetan, und das Leben wäre für uns beide einfacher gewesen! Statt dessen war er einer derjenigen, die am heftigsten gegen mich angegangen waren. Bei ihm hatte die Gehirnwäsche wirklich funktioniert.

Einige Monate später, so hörte ich, hat auch Franz die Kolonie verlassen.

Am nächsten Morgen hatte ich meine Sachen gepackt. Ich ließ mich von einem Arbeitskollegen bei der Kolonie abholen und zur Landstraße nach Santiago de Chile fahren. Ich hatte vor, meine Schwestern aufzusuchen. Ihre Adressen hatte ich vom Standesamt bekommen. Als wir vom Tor der Kolonie wegfuhren, drehte ich mich nicht mehr um. Genausowenig, wie ich mich noch von irgendeinem verabschiedet hatte. Die mir gewogen waren, wie Hernan oder Georg und Siegfried Hempel, würde ich sowieso irgendwann wiedersehen. Die anderen wollte ich nie mehr wiedersehen. Aber eine diffuse Angst blieb die ganze Zeit mein Begleiter. Jederzeit könnte mir noch ein Unfall zustoßen, davon war ich überzeugt. Ich hörte Schäfers Stimme noch in meinem Ohr, als er mir eines Nachts, als ich weinend von Flucht gesprochen hatte, zuzischte: »Dann mußt du damit rechnen, gleich hinter dem *Galpon* tot auf der Straße zu liegen!«

Diese Angst wurde stärker, als mich mein Kollege an der einsamen Bushaltestelle an der Straße nach Parral absetzte und fortfuhr. Da stand ich jetzt allein und machte mir Gedanken, wie Schäfer, der von alldem, was geschehen war, zweifellos wußte, ein Attentat auf mich durchführen würde. Erst als der Bus in Sicht kam, hörte ich auf, mich mit solchen Gedanken zu quälen. Jetzt wollte ich nach vorne schauen. Als ich in den überfüllten, stickigen Bus nach Santiago einstieg, war ich bereit für mein zweites Leben.

Flugzeug nach Deutschland, März 2004

Endlich! Ich saß im Flugzeug, das mich nach Frankfurt bringen würde. Dort sollte mich ein Mann abholen, der sich sehr für die Opfer der Colonia Dignidad einsetzte. Er würde mir helfen, Kontakte zu Medien und Vereinen, die sich mit den Verbrechen von Paul Schäfer beschäftigten, zu knüpfen. Ich sah aus dem kleinen Fenster. Bislang war ich nur ein paarmal mit dem Sportflugzeug der Kolonie zum *Casino* in die Berge geflogen worden.

So hoch wie jetzt war ich noch nie geflogen.

»Näher bei Gott«, dachte ich mir, »ein gutes Omen.«

Das letzte Jahr in Chile war sehr wechselhaft für mich verlaufen. Ich hatte das Gefühl, daß ich nicht immer gut in die Gesellschaft paßte. Mein Spanisch war schlecht, ich verhielt mich anders als die meisten Menschen und mußte in vielen Situationen erkennen und zugeben, daß ich eben 35 Jahre lang von einer erzkonservativen Sekte geprägt worden war. Mit der ganzen Freiheit kam ich nicht immer gut zurecht. Ich regte mich über Dreck auf den Straßen und tropfende Wasserhähne auf.

Dazu kam, daß ich keine Arbeit gefunden hatte und mein erster Prozeß auch nicht so ausgegangen war, wie ich es mir erhofft hatte. Nachdem ich im letzten Jahr Anklage gegen die Führungsclique hatte erheben lassen, schwamm ich zunächst auf einer Welle der Euphorie. Die chilenischen Medien rissen sich um mich, sogar ein amerikanischer Sender machte ein Interview mit mir. Ich war über jede Gelegenheit glücklich, den Menschen vom wahren Wesen der Villa Baviera zu erzählen. Zudem hielten mich die Honorare über Wasser.

Ich war der erste, der sich nicht hatte einschüchtern lassen, und wollte auf rechtsstaatlichen Grundlagen nur das, was mir zustand, nichts weiter. Mein Anwalt war sicher, daß wir gewinnen würden. Leider hatten wir nicht mit dem langen Arm der Sekte bis hin in die chilenische Justiz gerechnet. Sie boten die besten Anwälte auf, und, unfaßbar für mich, gewannen vier von neun Anklagepunkten. Jetzt mußte ich in Berufung gehen, da ich Argumente wie: »Freiheitsberaubung gab es nicht, Efraín konnte doch in den letzten fünf Jahren hinaus und in Parral Baggerarbeiten verrichten« nicht gelten lassen wollte.

Aber wie in der Kolonie, so schienen auch in einer freien demokratischen Gesellschaft Gerechtigkeit und Gesetz nicht dasselbe zu bedeuten. Ich würde nicht aufgeben, dessen war ich mir sicher. Aber ganz gleich, wie der Prozeß auch ausgehen würde: Die Verantwortlichen würden sich vor Gott erklären müssen. Und das war es, was sie alle zu fürchten hatten.

Jetzt wollte ich mich auf die Monate konzentrieren, die ich in Deutschland verbringen wollte. Vielleicht ging ja hier mein Traum in Erfüllung: eine liebe Frau zu finden, mit der ich mein Leben neu beginnen könnte, eine Arbeit, die uns ernähren würde, und die Aufmerksamkeit der Deutschen wieder auf ihre 280 Landsleute zu lenken, die wie eh und je hinter dem Zaun zu einem Leben verdammt waren, das sie sich nicht frei gewählt haben.

Vielleicht würde der deutsche Staat sich ja auch seiner Verantwortung einem Menschen gegenüber bekennen, der als Baby von Deutschen geraubt, als Kind von Deutschen mißbraucht und von Deutschen daran gehindert wurde, eine vernünftige Erziehung zu erhalten, der weder renten- noch krankenversichert war und auf Almosen anderer angewiesen war. Dies sollte nicht das letzte Kapitel im Leben von José Efraín Morales Norambuena gewesen sein, oh nein!

Ich wußte: Was ich bisher überstanden hatte, gab mir Kraft, auch alle weiteren Prüfungen zu überstehen.

Nachwort

Vier Jahre ist es jetzt her, seit Efraín die Colonia Dignidad verließ – ungebrochen, wie er es sich immer ausgemalt hat. Ich begegnete ihm im Frühjahr 2004 am Rande eines Fernsehauftrittes und war wie alle, die ihn kennenlernten, beeindruckt von seiner Stärke und seinem Mut. Wir beschlossen, zusammen ein Buch über sein Leben zu schreiben. Erst kehrte er wieder nach Chile zurück, um entscheidende Aussagen vor den Ermittlern zu machen. Dann kam er im Herbst wieder nach Berlin und wohnte einige Wochen bei mir.

Diesen Herbst und Winter 2004 werde ich immer mit nächtelangen Unterhaltungen in Verbindung bringen, die oft bis an die Grenze seiner Belastbarkeit gingen – und darüber hinaus. Nach der Entscheidung, ein Buch zu schreiben, wurde ihm – und auch mir – erst während unserer Gespräche bewußt, wie schwierig es war, in seine Erinnerung hinabzutauchen und sich auch den ganz dunklen Aspekten seiner Geschichte zu stellen. Oft endeten unsere Gespräche im Streit, wenn er es nicht schaffte oder wollte, diese mir völlig fremde, komplexe Welt hinter Stacheldraht wieder auferstehen zu lassen oder die Qualen, denen er ausgesetzt war, auszusprechen. Ich nahm unsere Unterhaltungen auf Tonband auf und versuchte, daraus eine nachvollziehbare Lebensgeschichte zu schreiben, da Efraín ja selber nicht gut lesen oder schreiben kann.

Nach diesem Kraftakt flog er wieder nach Chile und kehrte erst zur Präsentation des fertigen Buches für einige Tage zurück nach Deutschland. Inzwischen war er in seiner Heimat zu einer Schlüsselfigur des Prozesses gegen Schäfer geworden. Seinen Aussagen vor dem Sondergericht sind nicht nur konkrete Folgen wie der Fund der verschwundenen Autos zu verdanken, sein Beispiel machte auch anderen Mut, sich den Ermittlern zu offenbaren. So kam es schließlich auch durch seine Aussagen zu der Verhaftung Schäfers, die wiederum eine Flut neuer Ermittlungserfolge nach sich zog.

Heute kann man sagen, daß nahezu alle Vorwürfe, die seit fünfundvierzig Jahren die Sekte begleiten, bewiesen wurden. Ein Skandal auch für die deutsche Justiz und Politik, die immer weggeschaut und sich nie wirklich um die Situation der Bewohner gekümmert hat. Sicher gebührt die Anerkennung für diese Erfolge nicht Efraín allein, der heute wieder in Chile lebt und ein seinen Umständen entsprechendes, glückliches und selbstbestimmtes Leben führt – aber sein Unvermögen, Dinge auf sich beruhen zu lassen, seine Penetranz und sein Dickkopf haben einen Anteil an dem Zusammenbruch der Sekte, der nicht hoch genug eingeschätzt werden kann.

Heute leben auf dem Gelände der Kolonie noch immer knapp zweihundert der ursprünglich dreihundertfünfzig Bewohner. Von einem Neuanfang möchte Efraín nicht sprechen, da immer noch zu viele ehemalige Gefolgsleute Schäfers die Fäden ziehen, oder, wie Efraín sagen würde: »Der Wolf hat sein Fell gewechselt, aber nicht seine Gesinnung.«

Ich wünsche ihm, daß er es irgendwann schafft, dieses sein Leben beherrschende Thema endgültig loszuwerden und wirklich frei zu sein.

Berlin, den 26. November 2006
Ingo Lenz

Zeittafel

4. Dezember 1921

Geburt Paul Schäfers

1956

Gründung der Sekte »Private Sociale Mission« in Siegburg von Paul Schäfer

1961

Interpol ermittelt gegen Schäfer wegen Kindesmißbrauchs. Flucht der Sekte nach Chile.
Gründung der Colonia Dignidad

18. September 1967

Geburt José Efraín Morales Norambuenas

1970

Wahl Salvador Allendes zum chilenischen Präsidenten.

11. September 1973

Putsch des chilenischen Militärs unter General Augusto Pinochet.

1974

Erster Besuch Pinochets auf dem Gelände der Colonia Dignidad.

März 1977

Amnesty International und der STERN berichten über Folterungen auf dem Gelände der Colonia Dignidad.

14. Dezember 1984

Hugo Baar flüchtet aus der Colonia Dignidad

28. Februar 1985
Ehepaar Packmoor flüchtet aus der Colonia Dignidad

März 1985
Besuch von Präsidentengattin Lucia Pinochet in der Colonia Dignidad

1990
Ende der Regierung Pinochets

4. Februar 1991
Der Colonia Dignidad wird die Gemeinnützigkeit und der Status einer juristischen Person aberkannt

1997
Paul Schäfer taucht unter

1. November 2002
Efraín verläßt die Colonia Dignidad

28. Mai 2004
chilenisches Gericht hebt Immunität Pinochets auf

17. November 2004
chilenisches Gericht verurteilt Schäfer und 22 Sektenangehörige wegen sexuellen Mißbrauchs und Beihilfe an 26 Kindern

11. März 2005
Paul Schäfer wird in Buenos Aires (Argentinien) festgenommen

10. Dezember 2006
Mit 91 Jahren stirbt Augusto Pinochet

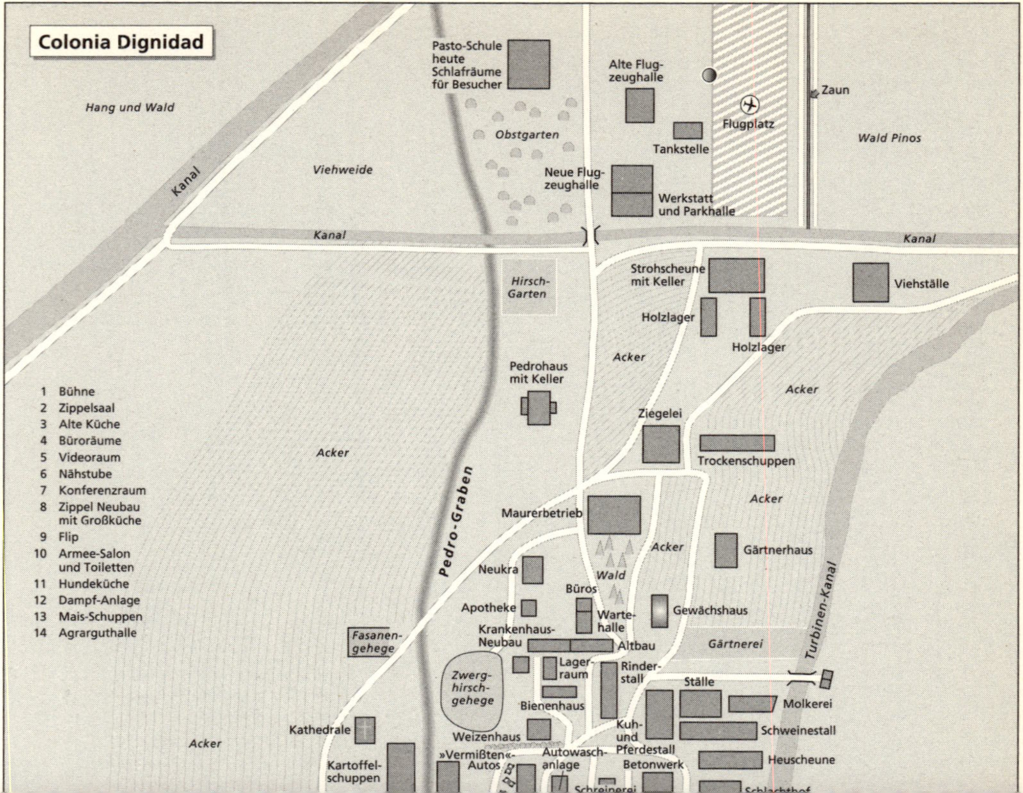
Colonia Dignidad
Hang und Wald
Kanal
Viehweide
Pasto-Schule heute Schlafräume für Besucher
Obstgarten
Alte Flugzeughalle
Tankstelle
Flugplatz
Zaun
Wald Pinos
Neue Flugzeughalle
Werkstatt und Parkhalle
Kanal
Kanal
Hirsch-Garten
Strohscheune mit Keller
Viehställe
Holzlager
Holzlager
Acker
Acker
Pedrohaus mit Keller
Ziegelei
Trockenschuppen
Acker
Pedro-Graben
Acker
Maurerbetrieb
Acker
Gärtnerhaus
Neukra
Wald
Büros
Apotheke
Warte-halle
Gewächshaus
Krankenhaus-Neubau
Altbau
Gärtnerei
Turbinen-Kanal
Fasanen-gehege
Zwerg-hirsch-gehege
Lager-raum
Rinder-stall
Ställe
Bienenhaus
Molkerei
Kathedrale
Weizenhaus
Kuh- und Pferdestall
Schweinestall
Acker
»Vermißten«-Autos
Autowasch-anlage
Betonwerk
Heuscheune
Kartoffel-schuppen
1 Bühne
2 Zippelsaal
3 Alte Küche
4 Büroräume
5 Videoraum
6 Nähstube
7 Konferenzraum
8 Zippel Neubau mit Großküche
9 Flip
10 Armee-Salon und Toiletten
11 Hundeküche
12 Dampf-Anlage
13 Mais-Schuppen
14 Agrarguthalle

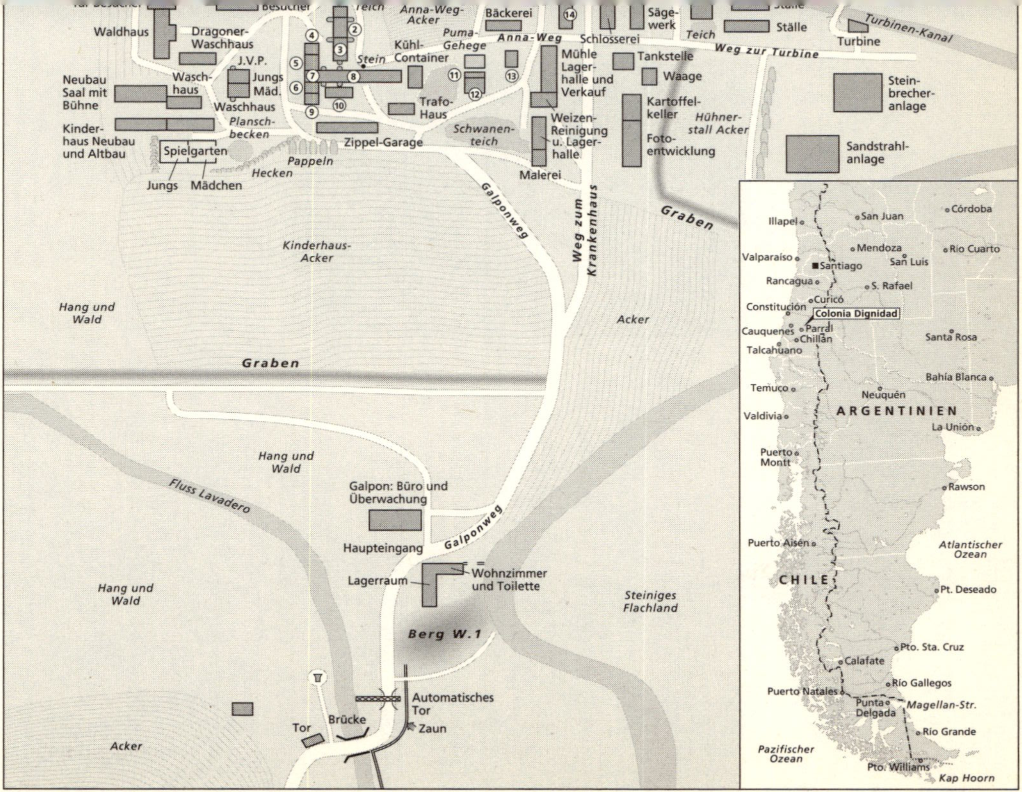
Waldhaus
Dragoner-Waschhaus
J.V.P.
Jungs Mäd.
Neubau Saal mit Bühne
Wasch-haus
Waschhaus
Kinder-haus Neubau und Altbau
Plansch-becken
Spielgarten
Jungs
Mädchen
Hecken
Pappeln
Zippel-Garage
Stein
Kühl-Container
Trafo-Haus
Anna-Weg-Acker
Puma-Gehege
Schwanen-teich
Bäckerei
Anna-Weg
Schlosserei
Mühle Lager-halle und Verkauf
Weizen-Reinigung u. Lager-halle
Malerei
Säge-werk
Tankstelle
Waage
Kartoffel-keller
Foto-entwicklung
Hühner-stall Acker
Teich
Ställe
Weg zur Turbine
Turbine
Turbinen-Kanal
Stein-brecher-anlage
Sandstrahl-anlage
Graben
Galponweg
Weg zum Krankenhaus
Kinderhaus-Acker
Acker
Hang und Wald
Graben
Hang und Wald
Fluss Lavadero
Galpon: Büro und Überwachung
Haupteingang
Galponweg
Lagerraum
Wohnzimmer und Toilette
Steiniges Flachland
Berg W.1
Hang und Wald
Automatisches Tor
Zaun
Brücke
Tor
Acker
Illapel
San Juan
Córdoba
Valparaíso
Santiago
Mendoza
San Luis
Río Cuarto
Rancagua
S. Rafael
Constitución
Curicó
Colonia Dignidad
Cauquenes
Parral
Chillán
Talcahuano
Santa Rosa
Temuco
Bahía Blanca
Neuquén
Valdivia
ARGENTINIEN
La Unión
Puerto Montt
Rawson
Puerto Aisén
Atlantischer Ozean
CHILE
Pt. Deseado
Pto. Sta. Cruz
Calafate
Río Gallegos
Puerto Natales
Punta Delgada
Magellan-Str.
Río Grande
Pazifischer Ozean
Pto. Williams
Kap Hoorn